Curso
MAD360

*La diferencia entre aprobar
y sacar plaza*

Grupo Auxiliar de la Función Administrativa

SERVICIO DE SALUD DE CASTILLA-LA MANCHA (SESCAM)

Si aún no dispones de tu **Curso MAD360**, te ofrecemos un acceso GRATIS de 30 días para que disfrutes de los siguientes recursos:

- Técnicas de Memoria 360.
- MADTEST: Test *online* Nivel PRO.
- Temario en formato digital.
- Vídeos.
- Esquemas.
- Planificación de estudio flexible.
- Foro entre opositores.
- Recursos y novedades exclusivas.
- Consúltanos sobre tu oposición y proceso selectivo.
- Actualizaciones trimestrales del temario.

Para acceder a esta prueba del Curso MAD360* será necesaria la compra de todos los libros para esta especialidad de la edición 2025.

Valida los códigos que encuentras en la última página de tus libros y disfruta de la experiencia MAD360. Y para adquirir tu Curso MAD360 pincha en la opción RENOVAR que encontrarás en tu panel.

Infórmate en: mad.es/registro-campus

NOTA IMPORTANTE:

* El acceso al CURSO MAD360 estará disponible desde mayo de 2025 (algunos recursos podrían estar disponibles en fecha posterior). Tendrá una duración de 30 días RENOVABLES mediante pago, desde la validación de códigos, o hasta el 30 de noviembre de 2026, lo que se cumpla antes.

MAD se reserva el derecho a ampliar dichas fechas.

Grupo Auxiliar de la Función Administrativa del Servicio de Salud de Castilla-La Mancha (SESCAM)

Mayo, 2025

Grupo Auxiliar de la Función Administrativa del Servicio de Salud de Castilla-La Mancha (SESCAM)

Test

Autores

FRANCISCO JESÚS TORRES FONSECA
Licenciado en Derecho

DOMINGO GÓMEZ MARTÍNEZ
Licenciado en Derecho

JUAN CARLOS USERO LÓPEZ
Licenciado en Derecho

ENCARNA ROJO FRANCO
Redactora Senior

MOISÉS CAYETANO RODRÍGUEZ
Policía Local

TERESA MARÍA TORRES FONSECA
Licenciada en Derecho

JOSÉ LUIS GARRIDO VELA
Licenciado en Derecho

SERGIO JIMENO MOLINS
Ingeniero Superior en Telecomunicaciones
Profesor de Educación Secundaria Obligatoria
y Bachillerato

CARLOS TOJEIRO ALCALÁ
Ingeniero Informático
Titulado MCP de Microsoft

© 7 Editores Recursos para la Cualificación Profesional y el Empleo, S.L. (7 Editores)
© Los autores
Primera edición, mayo 2025 (170 páginas)
Derechos de edición reservados a favor de 7 Editores
IMPRESO EN ESPAÑA
Diseño Portada: 7 Editores
Edita: 7 Editores
Avda. San Francisco Javier, 9 · Edificio Sevilla 2 · Planta 11 · Módulos 25-27 · 41018 Sevilla
Teléfono: 954 784 411 · WEB: www.mad.es · e-mail: administracion@7editores.com
ISBN: 978-84-142-9503-8
© "Editorial Mad" y "Eduforma" son nombres comerciales registrados de
7 Editores Recursos para la Cualificación Profesional y el Empleo, S.L.

Índice

TEST N.º 1

**La Constitución Española de 1978: estructura y contenido.
Título Preliminar. Los derechos y deberes fundamentales:
derechos y libertades. Garantías y suspensión. La igualdad efectiva
entre hombres y mujeres. Políticas públicas de igualdad.
Medidas de protección integral contra la violencia de género**

1. La forma política del Estado español es:

a) Democracia parlamentaria.
b) Gobierno parlamentario.
c) Monarquía parlamentaria.
d) República democrática.

2. La parte de la CE que regula la estructura de los principales órganos del Estado recibe el nombre de:

a) Parte dogmática.
b) Parte orgánica.
c) Parte estatal.
d) Parte estructural.

3. Según la CE, la soberanía nacional:

a) Corresponde a las Cortes Generales, al estar compuestas por los representantes del pueblo.
b) Corresponde al Rey.
c) Reside en el pueblo español.
d) Corresponde al Gobierno de la Nación elegido directamente por el pueblo.

4. El derecho a la propiedad en nuestra Constitución es un Derecho:

a) Inherente a la condición humana.
b) Absoluto.

c) Limitado por la función social del mismo.
d) Ninguna de las respuestas anteriores es correcta.

5. ¿En qué parte de la Carta Magna se señalan los valores superiores del ordenamiento jurídico?

a) En el Preámbulo.
b) En el Título Preliminar.
c) En el Título I.
d) Ninguna respuesta es correcta.

6. ¿Cuál de las siguientes es una de las características de nuestra Constitución de 1978?

a) Consensuada.
b) Corta.
c) Conservadora.
d) Original

7. Son el fundamento del orden político y de la paz social:

a) El libre desarrollo de la personalidad.
b) Los derechos inviolables que les son inherentes.
c) El respeto a la ley y a los derechos de los demás.
d) Todas las respuestas son correctas.

8. ¿Qué quedará excluido de extradición?

a) Los delitos criminales.
b) Los delitos políticos.
c) Los actos de terrorismo.
d) Ninguno.

9. ¿Qué debe ser democrático, a tenor de lo dispuesto en la Constitución Española, en los sindicatos de trabajadores y las asociaciones empresariales?

a) Su funcionamiento.
b) Su estructura interna.
c) Su funcionamiento y estructura interna.
d) Sus órganos asamblearios.

10. ¿De cuántos Capítulos consta el Título I de la CE de 1978?

a) De tres.
b) De cinco.

c) De dos.
d) De cuatro.

11. La ley que regula a nivel estatal la igualdad efectiva de mujeres y hombres, es:

a) La Ley 3/2007, de 12 de marzo.
b) La Ley Orgánica 22/2007, de 3 de abril.
c) La Ley Orgánica 3/2007, de 22 de marzo.
d) El Decreto Legislativo 7/2003, de 23 de mayo.

12. ¿Qué título de la Ley para la Igualdad efectiva de Mujeres y Hombres se refiere a las políticas públicas para la igualdad?

a) El Título II.
b) El Título III.
c) El Título IV.
d) El Título V.

13. Las obligaciones establecidas en la Ley para la Igualdad efectiva entre Mujeres y Hombres son de aplicación a:

a) Toda persona que se encuentre o actúe en territorio español, cualquiera que fuese su nacionalidad, domicilio o residencia.
b) Todos los españoles residentes en territorio español; pero no a los españoles que tengan residencia en otro país aunque eventualmente se encuentren en territorio español.
c) Toda persona que se encuentre o actúe en territorio español, originaria de algún país adherido a los Tratados internacionales de eliminación de toda forma de discriminación contra la mujer; pero no se puede aplicar a personas originarias de los países no firmantes.
d) Únicamente a todos los españoles se encuentren o no en territorio español.

14. Todo trato desfavorable a las mujeres relacionado con el embarazo o la maternidad constituye:

a) Acoso sexual.
b) Acoso por razón de sexo.
c) Discriminación directa por razón de sexo.
d) Discriminación indirecta por razón de sexo.

15. Cualquier comportamiento realizado en función del sexo de una persona, con el propósito o efecto de atentar contra su dignidad y de crear un entorno intimidatorio, degradante u ofensivo, constituye:

a) Acoso sexual.
b) Acoso por razón de sexo.
c) Discriminación directa por razón de sexo.
d) Discriminación indirecta por razón de sexo.

16. Los actos y las cláusulas de los negocios jurídicos que constituyan o causen discriminación por razón de sexo se considerarán:

a) Válidos, si todas las partes consienten.
b) Anulables y sin efecto durante el primer año; pasado ese tiempo, si no hay denuncia, tendrán efectos legales.
c) Nulos, pero con efecto.
d) Nulos y sin efecto.

17. La capacidad y la legitimación para intervenir en los procesos civiles, sociales y contencioso-administrativos que versen sobre la defensa del derecho de igualdad entre mujeres y hombres, corresponden a:

a) La persona acosada, únicamente.
b) Cualquier ciudadano.
c) Las personas físicas y jurídicas con interés legítimo.
d) Cualquier persona jurídica.

18. Según el artículo 15 de la Ley para la Igualdad efectiva entre Mujeres y Hombres, el principio de igualdad de trato y oportunidades informará la actuación de todos los poderes públicos:

a) Con carácter transversal.
b) De forma equilibrada.
c) Solo cuando se trate de colectivos de especial vulnerabilidad o de violencia de hecho.
d) Con carácter no vinculante.

19. Según la Disposición Adicional Primera de la Ley para la Igualdad efectiva entre Mujeres y Hombres, se entenderá por composición equilibrada la presencia de mujeres y hombres de forma que, en el conjunto al que se refiera, las personas de cada sexo:

a) Tengan la misma representación; es decir la mitad, o la mitad más uno o menos uno si es un número impar de miembros.
b) No superen el 60 % ni sean menos del 40 %.
c) No superen el 70 % ni sean menos del 30 %.
d) No sean menos del 10 %.

20. Los proyectos de disposiciones de carácter general y los planes de especial relevancia económica, social, cultural y artística que se sometan a la aprobación del Consejo de Ministros deberán incorporar:

a) Un Plan Estratégico de Igualdad de Oportunidades.
b) Una estadística o encuesta que posibilite el conocimiento de las diferencias en los valores, roles, situaciones y condiciones, de mujeres y hombres en el ámbito de acción del proyecto o plan.

c) Un informe periódico sobre el conjunto de sus actuaciones en relación con la efectividad del principio de igualdad entre mujeres y hombres.

d) Un informe sobre su impacto por razón de género.

En MADTEST tienes **más preguntas de este tema**, y todos tus avances quedan registrados y se reflejan en el ranking.

¡Supera tus límites con MADTEST!

Solución al test n.º 1

1. c) Monarquía parlamentaria.

2. b) Parte orgánica.

3. c) Reside en el pueblo español.

4. c) Limitado por la función social del mismo.

5. b) En el Título Preliminar.

6. a) Consensuada.

7. d) Todas las respuestas son correctas.

8. b) Los delitos políticos.

9. c) Su funcionamiento y estructura interna.

10. b) De cinco.

11. c) La Ley Orgánica 3/2007, de 22 de marzo.

12. a) El Título II.

13. a) Toda persona que se encuentre o actúe en territorio español, cualquiera que fuese su nacionalidad, domicilio o residencia.

14. c) Discriminación directa por razón de sexo.

15. b) Acoso por razón de sexo.

16. d) Nulos y sin efecto.

17. c) Las personas físicas y jurídicas con interés legítimo.

18. a) Con carácter transversal.

19. b) No superen el 60 % ni sean menos del 40 %.

20. d) Un informe sobre su impacto por razón de género.

TEST N.º 2

El Estatuto de Autonomía de Castilla-La Mancha: competencias de la Junta de Comunidades. Instituciones de la Comunidad Autónoma. Estructura de la Administración Regional. Ley de Transparencia y Buen Gobierno de Castilla-La Mancha

1. El Estatuto de Autonomía de Castilla-La Mancha:

a) Consta de 64 artículos y se estructura en un Título Preliminar, 6 Títulos, 2 disposiciones adicionales, seis disposiciones transitorias y una disposición final.
b) Consta de 54 artículos y se estructura en un Título Preliminar, 6 Títulos, 3 disposiciones adicionales, seis disposiciones transitorias y una disposición final.
c) Consta de 54 artículos y se estructura en un Título Preliminar, 6 Títulos, 3 disposiciones adicionales, siete disposiciones transitorias y una disposición final.
d) Consta de 64 artículos y se estructura en un Título Preliminar, 6 Títulos, 2 disposiciones adicionales, siete disposiciones transitorias y una disposición final.

2. El Título Preliminar comprende los:

a) Seis primeros artículos del Estatuto.
b) Siete primeros artículos del Estatuto.
c) Nueve primeros artículos del Estatuto.
d) Once primeros artículos del Estatuto.

3. La Junta de Comunidades ejercerá sus poderes con los siguientes objetivos básicos establecidos en el:

a) Artículo 3.
b) Artículo 4.
c) Artículo 5.
d) Artículo 6.

4. La Ley del Gobierno y del Consejo Consultivo de Castilla-La Mancha es la:

a) Ley 10/2003, de 25 de septiembre.
b) Ley 11/2003, de 25 de septiembre.
c) Ley 11/2006, de 25 de septiembre.
d) Ley 11/2003, de 26 de septiembre.

5. Los ex-Presidentes tendrán el tratamiento de:

a) Ilustrísima.
b) Excelencia.
c) Excelentísimo.
d) Presidente.

6. Las Cortes de Castilla-La Mancha aprobarán una Ley del Gobierno y del Consejo Consultivo, en la que se incluirá la limitación de los mandatos del Presidente, por mayoría:

a) Simple de los miembros del Pleno de la Cámara.
b) Absoluta de los miembros del Pleno de la Cámara.
c) De dos tercios de los miembros del Pleno de la Cámara.
d) De tres quintos de los miembros del Pleno de la Cámara.

7. La confianza se entenderá otorgada cuando vote a favor de la misma la mayoría:

a) Simple de los Diputados.
b) Absoluta de los Diputados.
c) De dos tercios de los Diputados.
d) De tres quintos de los Diputados.

8. Si el Presidente plantease la cuestión de confianza sobre un proyecto de Ley, éste se considerará aprobado siempre que vote a favor de la confianza la mayoría:

a) Simple de los Diputados.
b) Absoluta de los Diputados.
c) De dos tercios de los Diputados.
d) De tres quintos de los Diputados.

9. La moción de censura deberá ser propuesta al menos por el:

a) 10% de los Diputados.
b) 15% de los Diputados.
c) 20% de los Diputados.
d) 5% de los Diputados.

10. El Presidente no podrá acordar la disolución de las Cortes:

a) Durante el cuarto período de sesiones de la legislatura, cuando reste menos de un año para su terminación.
b) Cuando se esté planteando una cuestión de confianza.
c) Antes de que transcurra el plazo de dos años desde la última disolución por este procedimiento.
d) Cuando se encuentre convocado un proceso electoral estatal.

11. La Ley del Gobierno y del Consejo Consultivo de Castilla-La Mancha, trata del Consejo de Gobierno en su:

a) Título I.
b) Título II.
c) Título III.
d) Título IV.

12. Corresponde, en todo caso, al Consejo de Gobierno:

a) Aprobar los Proyectos de Ley para su remisión a las Cortes de Castilla-La Mancha, y acordar, en su caso, retirarlos.
b) Dictar los Decretos Legislativos.
c) Aprobar las normas reglamentarias de desarrollo de las leyes, así como todas las restantes de las que deriven inmediatamente derechos y obligaciones para los ciudadanos.
d) Todas las anteriores.

13. La válida constitución del Consejo de Gobierno requiere la asistencia del Presidente o de quien legalmente le sustituya, y de, al menos:

a) Un tercio de los restantes miembros.
b) Dos tercios de los restantes miembros.
c) La mitad de los restantes miembros.
d) Tres quintos de los restantes miembros.

14. Las decisiones y acuerdos del Consejo de Gobierno se adoptan mediante la oportuna deliberación y:

a) Tras votación formal.
b) Sin votación formal.
c) Sin necesidad de votación.
d) Por acuerdos de unanimidad.

15. En las reuniones del Consejo de Gobierno:

a) Los documentos que se presenten, hasta que éste los haya publicado, tendrán el carácter de reservado y las deliberaciones, el de secreto.
b) Las deliberaciones que se realicen, hasta que éste las haya publicado, tendrán el carácter de reservadas y los documentos, el de secreto.
c) Los documentos que se presenten, tendrán el carácter de reservado y las deliberaciones, el de secreto.
d) Los documentos que se presenten, tendrán el carácter de secretos y las deliberaciones, el de privadas, salvo que se publiquen.

16. Las actas de las sesiones del Consejo de Gobierno:

a) Son públicas.
b) Serán publicadas.
c) Son publicas salvo aquellos datos que puedan afectar a la intimidad de las personas.
d) No son públicas.

17. Las delegaciones legislativas otorgadas por las Cortes de Castilla-La Mancha durante todo el tiempo que el Gobierno esté en funciones:

a) Permanecerán en vigor.
b) Permanecerán en vigor salvo acuerdo en contrario.
c) Precisaran la ratificación de aquéllas cuando la causa de cese sea la celebración de elecciones regionales.
d) Quedarán en todo caso en suspenso.

18. Los miembros del Consejo de Gobierno podrán ejercer las actividades de administración del patrimonio personal o familiar, salvo el supuesto de participación superior al:

a) 10% entre el interesado, su cónyuge e hijos menores en empresas que tengan conciertos de obras, servicios o suministros, cualquiera que sea su naturaleza con la Junta de Comunidades de Castilla-La Mancha.
b) 15% entre el interesado, su cónyuge e hijos menores en empresas que tengan conciertos de obras, servicios o suministros, cualquiera que sea su naturaleza con la Junta de Comunidades de Castilla-La Mancha.
c) 20% entre el interesado, su cónyuge e hijos menores en empresas que tengan conciertos de obras, servicios o suministros, cualquiera que sea su naturaleza con la Junta de Comunidades de Castilla-La Mancha.
d) 25% entre el interesado, su cónyuge e hijos menores en empresas que tengan conciertos de obras, servicios o suministros, cualquiera que sea su naturaleza con la Junta de Comunidades de Castilla-La Mancha.

19. Los miembros del Consejo de Gobierno no podrán realizar actividades privadas relacionadas con expedientes sobre los que hayan dictado resolución en el ejercicio del cargo, ni celebrar contratos de asistencia técnica, de servicios o similares con la Administración de la Junta de Comunidades:

a) Durante el año siguiente a la fecha de su cese.
b) Durante los dos años siguientes a la fecha de su cese.
c) Durante los tres años siguientes a la fecha de su cese.
d) Durante los cuatro años siguientes a la fecha de su cese.

20. Los miembros del Consejo de Gobierno están obligados a presentar declaración de sus actividades, bienes y rentas:

a) En el plazo de un mes desde el nombramiento o cese.
b) En el plazo de tres meses desde el nombramiento o cese.
c) En el plazo de dos meses desde el nombramiento o cese.
d) En el plazo de veinte días desde el nombramiento o cese.

En MADTEST tienes **más preguntas de este tema**, y todos tus avances quedan registrados y se reflejan en el ranking.

¡Supera tus límites con MADTEST!

Solución al test n.º 2

1. c) Consta de 54 artículos y se estructura en un Título Preliminar, 6 Títulos, 3 disposiciones adicionales, siete disposiciones transitorias y una disposición final.

2. b) Siete primeros artículos del Estatuto.

3. b) Artículo 4.

4. b) Ley 11/2003, de 25 de septiembre.

5. b) Excelencia.

6. d) De tres quintos de los miembros del Pleno de la Cámara.

7. a) Simple de los Diputados.

8. d) De tres quintos de los Diputados.

9. b) 15% de los Diputados.

10. d) Cuando se encuentre convocado un proceso electoral estatal.

11. a) Título I.

12. d) Todas las anteriores.

13. c) La mitad de los restantes miembros.

14. b) Sin votación formal.

15. a) Los documentos que se presenten, hasta que éste los haya publicado, tendrán el carácter de reservado y las deliberaciones, el de secreto.

16. d) No son públicas.

17. c) Precisaran la ratificación de aquéllas cuando la causa de cese sea la celebración de elecciones regionales.

18. a) 10% entre el interesado, su cónyuge e hijos menores en empresas que tengan conciertos de obras, servicios o suministros, cualquiera que sea su naturaleza con la Junta de Comunidades de Castilla-La Mancha.

19. b) Durante los dos años siguientes a la fecha de su cese.

20. a) En el plazo de un mes desde el nombramiento o cese.

TEST N.º 3

Ley General de Sanidad: Principios generales del Sistema de Salud. Estructura del Sistema Sanitario Público. Servicios de Salud de las Comunidades Autónomas. Ley de Derechos y deberes en materia de salud de Castilla La Mancha. La tarjeta sanitaria individual. La Historia Clínica

1. ¿Cuál es la definición de Sistema Nacional de Salud que establece la Ley General de Sanidad (Ley 14/1986, de 25 de abril)?

a) Es el conjunto de los Servicios de Salud de las Comunidades Autónomas, coordinados en el Consejo Interterritorial del Sistema Nacional de Salud.

b) Es el conjunto de los Servicios de Salud dependientes del Instituto Nacional de la Salud y de los Servicios de Salud de las Comunidades Autónomas en los términos establecidos en la Ley General de Sanidad.

c) Es el conjunto de los Servicios de Salud de la Administración del Estado y de los Servicios de Salud de las Comunidades Autónomas en los términos establecidos en la Ley General de Sanidad.

d) Es el conjunto de los servicios de Salud de las Comunidades Autónomas y de las Corporaciones Locales en los términos establecidos en la Ley General de Sanidad.

2. El objeto de la Ley General de Sanidad es:

a) La reforma del sistema sanitario privado.

b) Las necesidades de mejora en los servicios prestados a los ciudadanos extranjeros.

c) La distribución de competencias entre el Estado y las Comunidades Autónomas y las Corporaciones Locales.

d) Hacer efectivo el derecho a la protección de la salud.

3. Según dispone la Ley 14/1986, de 25 de abril, General de Sanidad, son titulares del derecho a la protección de la salud y a la atención sanitaria:

a) Únicamente los ciudadanos andaluces.

b) Todos los españoles.

c) Cualquier ciudadano.

d) Todos los españoles y los ciudadanos extranjeros que tengan establecida su residencia en España.

4. Los medios y actuaciones del sistema sanitario estarán orientadas prioritariamente a:

a) La curación y la rehabilitación.

b) La promoción de la salud.

c) Atender los grupos de riesgos desde el punto de vista sanitario.

d) La promoción de salud y prevención de las enfermedades.

5. ¿Cómo se llaman –según lo dispuesto en la Ley General de Sanidad– las estructuras fundamentales del sistema sanitario en las Comunidades Autónomas, responsabilizadas de la gestión unitaria de los Centros y establecimientos de los Servicios de Salud de las Comunidades Autónomas?

a) Centros hospitalarios.

b) Áreas de Salud.

c) Delegaciones Provinciales de Salud.

d) Centros de Salud.

6. Para conseguir la máxima operatividad y eficacia en el funcionamiento de los servicios a nivel primario, las Áreas de Salud se dividirán:

a) En zonas básicas de salud.

b) En Centros de Salud.

c) En Distritos de Atención Primaria.

d) En Primaria y Especializada.

7. La ordenación territorial de los Servicios de Salud será competencia de:

a) El Estado.

b) Las Comunidades Autónomas.

c) Los Ayuntamientos.

d) Las Diputaciones Provinciales.

8. Según la Ley 14/1986, los centros integrales de atención primaria son:

a) Los hospitales.

b) Los ambulatorios.

c) Los centros de salud.

d) Las clínicas de atención primaria.

9. Cada Área de Salud estará vinculada o dispondrá:

a) De un único hospital general.
b) De al menos dos hospitales.
c) De un máximo de dos hospitales generales.
d) De al menos un hospital general.

10. El marco territorial para la prestación de la Atención Primaria de Salud, se denomina:

a) Distrito de Atención Primaria.
b) Zona Básica de Salud.
c) Centros de Atención Primaria de Salud.
d) Mapa de Atención Primaria de Salud.

11. La Administración sanitaria establecerá sistemas de evaluación de calidad asistencial:

a) Oídos los Colegios Profesionales.
b) Oídas las asociaciones de consumidores.
c) Oídas las organizaciones sindicales sanitarias.
d) Oídas las Sociedades científicas sanitarias.

12. Los hospitales generales del sector privado que lo soliciten serán vinculados al Sistema Nacional de Salud, de acuerdo con:

a) Un Reglamento autonómico.
b) Un Convenio estatal.
c) Un protocolo definido.
d) Una norma comunitaria.

13. Señalar la opción correcta en relación con la vinculación de hospitales de titularidad privada al Sistema Nacional de Salud:

a) La vinculación a la red pública de los hospitales se realizará mediante convenios globales.
b) Los hospitales generales del sector privado serán obligatoriamente vinculados al Sistema Nacional de Salud, cuando las necesidades asistenciales lo justifiquen.
c) La titularidad de las relaciones laborales del personal de los hospitales privados vinculados que en ellos preste sus servicios, corresponderá a la Comunidad Autónoma.
d) El sector privado vinculado mantendrá la titularidad de centros y establecimientos dependientes del mismo.

14. ¿Pueden los hospitales privados vinculados cobrar alguna cantidad a los enfermos en concepto de atenciones no sanitarias?

a) No, en ningún caso.
b) Sí, en cualquier caso.
c) Sí, si previamente son autorizados por la Administración Sanitaria correspondiente el concepto y la cuantía que por él se pretende cobrar.
d) No, solo podrán cobrar por atenciones de tipo sanitario, siempre que sean autorizados por la Administración Sanitaria correspondiente el concepto y la cuantía que por él se pretende cobrar.

15. La Administración sanitaria podrá denunciar un Convenio de vinculación de un hospital privado por la siguiente razón:

a) Prestar atención sanitaria objeto de Convenio contraviniendo el principio de gratuidad.
b) Prestar servicios complementarios no sanitarios.
c) Contratar o despedir personal de carácter laboral sin autorización de la Administración sanitaria.
d) Establecer servicios complementarios sanitarios sin previa autorización.

16. La representación de los ciudadanos en el Consejo de Salud de Área, a través de las Corporaciones Locales comprendidas en su demarcación, supondrá:

a) El 10% de su composición.
b) El 25% de su composición.
c) El 40% de su composición.
d) El 50% de su composición.

17. ¿De cuántos artículos consta la Ley 14/1986 de 25 de abril, General de Sanidad?

a) 109.
b) 111.
c) 113.
d) 116.

18. La Ley 14/1986 de 25 de abril, General de Sanidad, se estructura en:

a) Un Título Preliminar, siete Títulos, diez Disposiciones Adicionales, seis Disposiciones Transitorias, dos Disposiciones Derogatorias y dieciséis Disposiciones Finales.
b) Un Título Preliminar, seis Títulos, diez Disposiciones Adicionales, siete Disposiciones Transitorias, dos Disposiciones Derogatorias y dieciséis Disposiciones Finales.
c) Un Título Preliminar, siete Títulos, diez Disposiciones Adicionales, siete Disposiciones Transitorias, tres Disposiciones Derogatorias y dieciséis Disposiciones Finales.
d) Un Título Preliminar, siete Títulos, diez Disposiciones Adicionales, seis Disposiciones Transitorias, tres Disposiciones Derogatorias y dieciséis Disposiciones Finales.

19. La Ley 14/1986, de 25 de abril, General de Sanidad, establece que las piezas básicas de los Servicios de Salud de las Comunidades Autónomas son:

a) Las Áreas de Salud.
b) Los Distritos Sanitarios.
c) Las Comarcas Sanitarias.
d) Las Zonas de Salud.

20. La Ley 14/1986, de 25 de abril, General de Sanidad, tiene como objeto la regulación general de todas las acciones que permitan hacer efectivo el derecho a la protección de la salud reconocido en el artículo:

a) 15 de la Constitución Española.
b) 19 de la Constitución Española.
c) 33 de la Constitución Española.
d) 43 de la Constitución Española.

En MADTEST tienes **más preguntas de este tema**, y todos tus avances quedan registrados y se reflejan en el ranking.

¡Supera tus límites con MADTEST!

Solución al test n.º 3

1. c) Es el conjunto de los Servicios de Salud de la Administración del Estado y de los Servicios de Salud de las Comunidades Autónomas en los términos establecidos en la Ley General de Sanidad.

2. d) Hacer efectivo el derecho a la protección de la salud.

3. d) Todos los españoles y los ciudadanos extranjeros que tengan establecida su residencia en España.

4. d) La promoción de salud y prevención de las enfermedades.

5. b) Áreas de Salud.

6. a) En zonas básicas de salud.

7. b) Las Comunidades Autónomas.

8. c) Los centros de salud.

9. d) De al menos un hospital general.

10. b) Zona Básica de Salud.

11. d) Oídas las Sociedades científicas sanitarias.

12. c) Un protocolo definido.

13. d) El sector privado vinculado mantendrá la titularidad de centros y establecimientos dependientes del mismo.

14. c) Sí, si previamente son autorizados por la Administración Sanitaria correspondiente el concepto y la cuantía que por él se pretende cobrar.

15. a) Prestar atención sanitaria objeto de Convenio contraviniendo el principio de gratuidad.

16. d) El 50% de su composición.

17. d) 116.

18. a) Un Título Preliminar, siete Títulos, diez Disposiciones Adicionales, seis Disposiciones Transitorias, dos Disposiciones Derogatorias y dieciséis Disposiciones Finales.

19. a) Las Áreas de Salud.

20. d) 43 de la Constitución Española.

TEST N.º 4

**La Ley de Ordenación Sanitaria de Castilla-La Mancha (I).
El Sistema Sanitario en la Comunidad Autónoma de
Castilla-La Mancha: principios informadores, concepto, recursos,
prestaciones y características. El Consejo de Salud de
Castilla-La Mancha. El Plan de Salud de Castilla-La Mancha**

1. En aplicación de la Ley Orgánica 9/1982, de 10 de agosto, del Estatuto de Autonomía de Castilla-La Mancha, ¿qué competencia se atribuye a la Junta de Comunidades, en materia de sanidad e higiene, promoción, prevención y restauración de la salud?

a) La función ejecutiva, en los términos que establezcan las leyes y normas reglamentarias que en desarrollo de su legislación dicte el Estado.
b) Competencia exclusiva.
c) El desarrollo legislativo y la ejecución, en los términos que establezca la legislación básica del Estado.
d) Ninguna de las respuestas anteriores es correcta.

2. ¿Qué norma regula el Plan de Salud de Castilla-La Mancha?

a) La Ley 5/2010, de 24 de junio, sobre derechos y deberes en materia de salud de Castilla-La Mancha.
b) La Ley 14/1986, de 25 de abril, General de Sanidad.
c) La Ley 8/2000, de 30 de noviembre, de Ordenación Sanitaria de Castilla-La Mancha.
d) La Ley 3/2014, de 21 de julio, de garantía de la atención sanitaria y del ejercicio de la libre elección en las prestaciones del Servicio de Salud de Castilla-La Mancha.

3. El conjunto de funciones, actuaciones, centros, servicios, recursos y establecimientos sanitarios dependientes de los poderes públicos, o a ellos vinculados, en el territorio de la Comunidad Autónoma de Castilla-La Mancha se denomina:

a) Sistema Sanitario de Castilla-La Mancha.
b) Plan de Salud de Castilla-La Mancha.

c) Servicio de Salud de Castilla-La Mancha.

d) Ordenación Sanitaria de Castilla-La Mancha.

4. La actividad sanitaria de la Junta de Comunidades de Castilla-La Mancha se regirá, a los efectos de la Ley 8/2000, de 30 de noviembre, de Ordenación Sanitaria de Castilla-La Mancha:

a) Por los principios informadores relacionados en el art. 2.1 de la Ley 8/2000, de 30 de noviembre.

b) Por los principios de planificación, participación, cooperación y coordinación con el resto de sus actuaciones y con las demás Administraciones Públicas, sin perjuicio del respeto a las competencias atribuidas a cada una de ellas.

c) Las respuestas a) y b) son correctas.

d) Por los principios de descentralización, desconcentración, coordinación, responsabilidad en la gestión, eficacia, efectividad, eficiencia y flexibilidad de la organización sanitaria.

5. ¿A cuál de los siguientes principios informadores responde la ordenación y las actuaciones del Sistema Sanitario en la Comunidad Autónoma de Castilla-La Mancha?

a) Equidad y superación de las desigualdades territoriales o sociales en la prestación de los servicios sanitarios.

b) Promoción del interés individual, familiar y social por la salud mediante una adecuada educación para la salud en Castilla-La Mancha y una correcta información sobre los recursos y servicios sanitarios existentes.

c) Adecuación de las prestaciones sanitarias a las necesidades de salud de la población.

d) Todas las respuestas anteriores son correctas.

6. ¿Cuál es el instrumento de planificación estratégica, dirección y ordenación del Sistema Sanitario de Castilla-La Mancha?

a) El Servicio de Salud de Castilla-La Mancha.

b) El Plan de Salud de Castilla-La Mancha.

c) El Defensor del Usuario del Sistema Sanitario de Castilla-La Mancha.

d) La Administración de la Junta de Comunidades de Castilla-La Mancha.

7. ¿Cuál es el órgano encargado de la aprobación del Plan de Salud de Castilla-La Mancha?

a) La Consejería competente en materia de sanidad, previo informe del Consejo de Gobierno de Castilla-La Mancha.

b) Las Cortes Regionales.

c) El Ministerio competente en materia sanitaria.

d) El Consejo de Gobierno de Castilla-La Mancha a propuesta de la Consejería competente en materia de sanidad, previo informe del Consejo Económico y Social.

8. Señala la respuesta incorrecta. El Sistema Sanitario de Castilla-La Mancha, en el marco de las actuaciones del Sistema Nacional de Salud, tendrá como características fundamentales:

a) El uso preferente de los recursos sanitarios públicos en la provisión de los servicios.

b) El establecimiento de programas de mejora continua de la calidad de los servicios sanitarios.

c) El aseguramiento único y público y la financiación pública y privada del Sistema.

d) La prestación de una atención integral de la salud, tanto en los aspectos físicos como psicológicos y sociales.

9. El Sistema Sanitario de Castilla-La Mancha dispondrá de los siguientes recursos:

a) Los centros, servicios y establecimientos sanitarios de la Comunidad Autónoma.

b) Los centros, servicios y establecimientos sanitarios de las Corporaciones Locales.

c) Los centros, servicios y establecimientos sanitarios de cualesquiera otras Administraciones Territoriales Intracomunitarias.

d) Todas las respuestas son correctas.

10. Según el artículo 19.2 de la Ley 8/2000, de 30 de noviembre, de ordenación sanitaria de Castilla-La Mancha, podrán formar parte del Sistema Sanitario de Castilla-La Mancha:

a) Los centros, servicios y establecimientos sanitarios de otras Administraciones Públicas, en los términos que prevean los respectivos acuerdos o convenios suscritos al efecto.

b) Aquellos centros, servicios o establecimientos sanitarios que se adscriban al mismo en virtud de un concierto.

c) Aquellos centros, servicios o establecimientos sanitarios que se adscriban al mismo en virtud de un convenio singular de vinculación.

d) Las respuestas a), b) y c) son correctas.

11. Conforme al artículo 20.1 de la Ley 8/2000, de 30 de noviembre, de ordenación sanitaria de Castilla-La Mancha las prestaciones sanitarias ofertadas por el Sistema Sanitario de Castilla-La Mancha serán como:

a) Máximo las establecidas en cada caso para el Sistema Nacional de Salud.

b) Mínimo las establecidas en cada caso para el Sistema Nacional de Salud.

c) Máximo las establecidas en cada caso para la Junta de Comunidades de Castilla-La Mancha.

d) Mínimo las establecidas en cada caso para la Junta de Comunidades de Castilla-La Mancha.

12. La inclusión de nuevas prestaciones en el Sistema Sanitario de Castilla-La Mancha, además de las establecidas en el Sistema Nacional de Salud, requerirá:

a) La aprobación de la Consejería competente en materia de sanidad, previo informe del Consejo de Gobierno de Castilla-La Mancha.

b) La aprobación de las Cortes Regionales.

c) La aprobación del Ministerio competente en materia sanitaria.

d) La aprobación del Consejo de Gobierno, previo informe de la Consejería competente en materia de sanidad.

13. La prestación de atención domiciliaria en Castilla-La Mancha:

a) Incluirá la utilización apropiada de las nuevas tecnologías de la información y la comunicación para mejorar la coordinación entre los centros y profesionales sanitarios, y la prestación de servicios a las personas enfermas, especialmente en el ámbito rural.

b) Incluirá líneas de subvención y convenios específicos para la realización de programas que beneficien a las personas y los colectivos afectados.

c) Incluirá programas específicos para garantizar una correcta atención sociosanitaria en el domicilio, ofreciendo servicios médicos, cuidados de enfermería, hospitalización domiciliaria, atención a pacientes terminales, fisioterapia y ayuda social, especialmente en el ámbito rural.

d) Incluirá programas de mejora del transporte de las personas enfermas hacia los centros sanitarios tanto en las líneas regulares de viajeros, como en el transporte sanitario especializado, y que atienda a las necesidades de las personas afectadas.

14. Sobre el Consejo de Salud de Castilla-La Mancha, es incorrecto que:

a) Entre sus funciones se encuentra la de conocer e informar el Plan de Salud de Castilla-La Mancha previamente a su aprobación, así como conocer sus revisiones, adaptaciones y el estado de ejecución.

b) La Vicepresidencia la ocupa uno de los representantes de la Administración Pública de la Comunidad Autónoma.

c) Uno de sus vocales es un representante de la Universidad de Castilla-La Mancha.

d) La Secretaría la ocupa una persona en representación de la Consejería competente en materia de sanidad, designada por la Presidencia, actuando con voz y voto en el Consejo.

15. El Plan de Salud de Castilla-La Mancha, una vez aprobado por el Consejo de Gobierno, será remitido al Ministerio competente en materia sanitaria para su inclusión en:

a) El Sistema de Prestaciones del Plan nacional de Salud.

b) Los Estatutos del Servicio de Salud de Castilla-La Mancha.

c) La memoria anual del Servicio de Salud de Castilla-La Mancha.

d) El Plan Integrado de Salud.

16. De acuerdo con el artículo 21 de la Ley 8/2000, de 30 de noviembre, de ordenación sanitaria de Castilla-La Mancha, entre las características fundamentales del Sistema Sanitario de Castilla-La Mancha, no se encuentra:

a) El aseguramiento único y público y la financiación pública del Sistema.

b) La extensión de sus servicios a toda la población.

c) El establecimiento de programas de mejora continua de la calidad de los servicios sanitarios.

d) El uso preferente de los recursos sanitarios privados concertados en la provisión de los servicios públicos.

17. La elaboración del Plan de Salud de Castilla-La Mancha corresponde:

a) Al Consejo de Salud de Castilla-La Mancha.
b) Al Consejo de Gobierno de Castilla-La Mancha.
c) Al Presidente del Consejo de Gobierno de Castilla-la Mancha.
d) A la Consejería competente en Sanidad en Castilla-La Mancha.

18. ¿A qué órgano corresponde informar el Plan de Salud de Castilla-La Mancha de acuerdo con el artículo 17,3 de la Ley 8/2000, de 30 de noviembre, de ordenación sanitaria de Castilla-La Mancha?

a) Al Consejo Económico y Social.
b) Al Consejo de Administración del Servicio de Salud de Castilla-La Mancha.
c) Al Consejo de Salud de Castilla-La Mancha.
d) A las Cortes Regionales.

19. ¿Quién ocupa la Presidencia del Consejo de Salud de Castilla-La Mancha?

a) Al titular del órgano de dirección del Servicio de Salud de Castilla-La Mancha.
b) La persona en representación de la Consejería competente en materia de sanidad designada por la Presidencia.
c) La persona titular de la Consejería competente en Sanidad en Castilla-La Mancha.
d) Una de las personas representantes de la Administración Pública de la Comunidad Autónoma.

20. ¿Cuántos representantes de la Administración General del Estado forman parte del Consejo de Salud de Castilla-La Mancha?

a) Ocho.
b) Ninguno.
c) Dos.
d) Ocho más la titular de la Presidencia y de la Secretaría.

En MADTEST tienes **más preguntas de este tema**, y todos tus avances quedan registrados y se reflejan en el ranking.

¡Supera tus límites con MADTEST!

Solución al test n.º 4

1. c) El desarrollo legislativo y la ejecución, en los términos que establezca la legislación básica del Estado.

2. c) La Ley 8/2000, de 30 de noviembre, de Ordenación Sanitaria de Castilla-La Mancha.

3. a) Sistema Sanitario de Castilla-La Mancha.

4. b) Por los principios de planificación, participación, cooperación y coordinación con el resto de sus actuaciones y con las demás Administraciones Públicas, sin perjuicio del respeto a las competencias atribuidas a cada una de ellas.

5. d) Todas las respuestas anteriores son correctas.

6. b) El Plan de Salud de Castilla-La Mancha.

7. d) El Consejo de Gobierno de Castilla-La Mancha a propuesta de la Consejería competente en materia de sanidad, previo informe del Consejo Económico y Social.

8. c) El aseguramiento único y público y la financiación pública y privada del Sistema.

9. d) Todas las respuestas son correctas.

10. c) La expedición de los partes de baja, confirmación, alta y demás informes o documentos clínicos para la valoración de la incapacidad u otros efectos.

11. b) Mínimo las establecidas en cada caso para el Sistema Nacional de Salud.

12. d) La aprobación del Consejo de Gobierno, previo informe de la Consejería competente en materia de sanidad.

13. c) Incluirá programas específicos para garantizar una correcta atención sociosanitaria en el domicilio, ofreciendo servicios médicos, cuidados de enfermería, hospitalización domiciliaria, atención a pacientes terminales, fisioterapia y ayuda social, especialmente en el ámbito rural.

14. d) La Secretaría la ocupa una persona en representación de la Consejería competente en materia de sanidad, designada por la Presidencia, actuando con voz y voto en el Consejo.

15. d) El Plan Integrado de Salud.

16. d) El uso preferente de los recursos sanitarios privados concertados en la provisión de los servicios públicos.

17. d) La Consejería competente en Sanidad en Castilla-La Mancha.

18. c) Consejo de Salud de Castilla-La Mancha.

19. c) La persona titular de la Consejería competente en Sanidad en Castilla-La Mancha.

20. b) Ninguno.

TEST N.º 5

**La Ley de Ordenación Sanitaria de Castilla-La Mancha (II).
Estructura del Sistema Sanitario de Castilla-La Mancha:
organización territorial y funcional. El Servicio de Salud de
Castilla-La Mancha (SESCAM). Decreto de Estructura Orgánica
y Funciones de los Servicios Centrales y Periféricos del Servicio
de Salud de Castilla-La Mancha (SESCAM)**

1. Los servicios sanitarios en Castilla-La Mancha podrán prestarse mediante la constitución de:

a) Regiones Sanitarias.
b) Distritos de Salud.
c) Áreas de atención integradas.
d) Zonas Básicas de Salud.

2. Las unidades territoriales básicas de la atención primaria de la salud en las que desarrollan su actividad los Equipos de Atención Primaria dentro del centro de salud y los consultorios locales, se denominan:

a) Regiones Sanitarias.
b) Distritos de Salud.
c) Áreas de Salud.
d) Zonas Básicas de Salud.

3. Los órganos de participación institucional y comunitaria en el ámbito del Sistema Sanitario de Castilla-La Mancha se denominan:

a) Consejos de Salud de Distrito y Consejos de Salud de Zona.
b) Consejos de Salud de Región y Consejos de Salud de Área.
c) Consejos de Salud de Área y Consejos de Salud de Distrito.
d) Consejos de Salud de Área y Consejos de Salud de Zona.

4. La Atención Primaria:

a) Es aquella que integra los cuidados sanitarios con los recursos sociales de forma continuada y coordinada, a fin de conseguir en quienes la reciben una percepción subjetiva completa de salud y una inserción real en el entorno familiar y social.

b) Se prestará en los hospitales, así como en otros Centros Especializados de Diagnóstico y Tratamiento.

c) Constituye el nivel de acceso ordinario de la población al sistema sanitario.

d) Ninguna de las respuestas anteriores es correcta.

5. Constituyen la red hospitalaria integrada de Castilla-La Mancha:

a) Los Equipos de Atención Primaria y los Equipos de Atención Especializada.

b) Los Equipos de Atención Primaria y los Centros Especializados de Diagnóstico y Tratamiento integrados en el Sistema Sanitario.

c) Los centros hospitalarios y los Centros Especializados de Diagnóstico y Tratamiento integrados en el Sistema Sanitario.

d) Los centros hospitalarios.

6. Los conciertos o convenios singulares de vinculación que establezca el Sistema Sanitario de Castilla-La Mancha, para la prestación de servicios sanitarios a través de medios ajenos al mismo, podrán recoger potestativamente:

a) Régimen de acceso de las personas con derecho a la asistencia sanitaria pública a los servicios y prestaciones, asegurando que la asistencia sanitaria prestada lo sea en régimen de gratuidad.

b) Periodicidad de abono de las aportaciones económicas.

c) Formalidades a adoptar por las partes suscriptoras del concierto antes de la denuncia o rescisión.

d) Ninguna de las respuestas anteriores es correcta.

7. Constituyen causa de extinción de los convenios o de resolución de los conciertos:

a) Establecer, sin autorización, servicios complementarios no sanitarios y percibir por ellos cantidades no autorizadas.

b) Infringir la legislación fiscal, laboral o de Seguridad Social con carácter leve, grave o muy grave.

c) Prestar la atención sanitaria objeto del convenio o concierto respetando el principio de gratuidad.

d) Las respuestas a) y b) son correctas.

8. Señala cuál de las siguientes competencias se atribuye a la Consejería competente en materia de sanidad de Castilla-La Mancha:

a) Aprobar el Plan de Salud de Castilla-La Mancha.

b) Autorizar la celebración de convenios con otras Administraciones públicas para la prestación de servicios sanitarios.

c) Controlar e inspeccionar las actividades del Sistema Sanitario de Castilla-La Mancha y su adecuación al Plan de Salud.

d) Establecer las directrices y los criterios generales de la política sanitaria en Castilla-La Mancha.

9. Corresponde a las Corporaciones locales, en el marco del Plan de Salud de Castilla-La Mancha y de las directrices y Programas de la Administración Sanitaria Regional, las siguientes funciones (señala la opción de respuesta incorrecta):

a) Formar parte de los órganos del Sistema Sanitario Público de Castilla-La Mancha.

b) Ejercer las competencias que en materia de salud pública les atribuye la legislación de régimen local.

c) Elaborar el Registro de Asociaciones Científicas de carácter sanitario de Castilla-La Mancha así como de las Asociaciones de ayuda mutua y autocuidados, cuyos objetivos se relacionen con la salud, sin perjuicio de las competencias que correspondan al Registro General de Asociaciones.

d) Colaborar en la construcción, remodelación y equipamiento de Centros y Servicios sanitarios, así como en su conservación y mantenimiento.

10. Los Ayuntamientos, sin perjuicio de las competencias de las demás Administraciones Públicas, tendrán las siguientes responsabilidades respecto al obligado cumplimiento de las normas y planes sanitarios (señala la respuesta incorrecta):

a) Control sanitario de edificios y lugares de vivienda y convivencia humana, especialmente de los centros de alimentación, peluquerías, saunas y centros de higiene personal, hoteles y centros residenciales, escuelas, campamentos turísticos y áreas de actividad físico-deportiva y de recreo.

b) Control sanitario de la distribución y suministro de alimentos, bebidas y demás productos directa o indirectamente relacionados con el uso o consumo humanos, excepto sus medios de transporte.

c) Control sanitario de industrias, actividades y servicios, transportes, ruidos y vibraciones.

d) Control sanitario de los cementerios y de la sanidad mortuoria.

11. Sobre el Servicio de Salud de Castilla-La Mancha, señala cuál de los siguientes enunciados no es correcto:

a) Es una autoridad administrativa independiente dotada de personalidad jurídica propia y plena capacidad de obrar para el cumplimiento de sus fines.

b) Se crea con el fin de proveer los servicios y gestionar los centros y establecimientos destinados a la atención sanitaria que le sean asignados, así como desarrollar los programas de salud que se le encomienden con el objetivo final de proteger y mejorar el nivel de salud de la población.

c) Entre sus funciones se encuentra la de estimular a la formación continuada, a la docencia y a la investigación científica en el ámbito de la salud.

d) Podrá gestionar los centros, servicios y establecimientos sanitarios de asistencia sanitaria a la población propios de la Administración Regional.

12. El Servicio de Salud de Castilla-La Mancha:

a) Podrá establecer objetivos que permitan garantizar la calidad del servicio, así como su aceptación por la población.

b) Deberá establecer objetivos que permitan incorporar en los diferentes niveles de atención la mejora constante de servicios atendiendo las necesidades de la ciudadanía, las demandas del conjunto de profesionales y el avance de la ciencia para conseguir una mayor eficiencia en la utilización de los recursos.

c) Podrá establecer objetivos que permitan promover sistemas de información e instrumentos de gestión que permitan una mayor eficacia, eficiencia y efectividad de los centros y servicios.

d) Todas las respuestas anteriores son correctas.

13. La Dirección General de Asistencia Sanitaria:

a) Es un órgano periférico del Servicio de Salud de Castilla-La Mancha.

b) Es un órgano central del Servicio de Salud de Castilla-La Mancha adscrito a su Consejo de Administración.

c) Es una Viceconsejería bajo la dirección de la Dirección-Gerencia del Servicio de Salud de Castilla-La Mancha.

d) Ninguna de las respuestas anteriores es correcta.

14. El Consejo de Administración del Servicio de Salud de Castilla-La Mancha estará integrado por:

a) 5 miembros en representación de las Corporaciones Locales, de las Organizaciones Sindicales y Empresariales más representativas de Castilla-La Mancha, de las Asociaciones de Consumidores y Usuarios y de las Asociaciones de Vecinos.

b) La Presidencia, cuyo cargo ejercerá la persona que sea titular de la Consejería competente en materia de sanidad, sus delegados provinciales, quien esté al cargo de la Dirección-Gerencia del Servicio de Salud y un número no superior a diez representantes de la Administración de la Comunidad Autónoma.

c) Las respuestas a) y b) son correctas.

d) Ninguna de las respuestas anteriores es correcta.

15. ¿Quién es el representante legal del Servicio de Salud de Castilla-La Mancha?

a) La persona que ocupe la Presidencia del Consejo de Administración.

b) El Pleno del Consejo de Administración.

c) La persona que ocupe la Dirección-Gerencia.

d) La persona que ocupe la Secretaría General.

16. Además de proporcionar asistencia técnico-administrativa a la Dirección-Gerencia del Servicio de Salud de Castilla-La Mancha, y el régimen interior, a la Secretaría General del Servicio de Salud de Castilla-La Mancha, le corresponde:

a) La toma de decisiones sobre los recursos sanitarios destinados a la atención de urgencias, emergencias y catástrofes, a través del Centro o los Centros de Coordinación de Urgencias del SESCAM.

b) El análisis, propuesta y gestión del modelo retributivo del personal del SESCAM.

c) La gestión de la prestación farmacéutica y productos dietéticos del Sistema Nacional de Salud, en el ámbito del SESCAM.

d) La gestión de los servicios generales de los Servicios Centrales del SESCAM, incluida la coordinación administrativa y la contratación necesaria para el funcionamiento de los mismos.

17. La implantación de un plan de seguimiento al alta hospitalaria de pacientes con necesidades de cuidados intermedios post-hospitalarios, garantizando la continuidad asistencial en coordinación con la Dirección General de Hospitales, es una función que corresponde ejercer a:

a) La Dirección General de Cuidados y Calidad.

b) La Dirección General de Recursos Humanos y Transformación.

c) La Secretaría General.

d) La Dirección General de Atención Primaria.

18. Señala la respuesta incorrecta. La Dirección General de Recursos Humanos y Transformación desarrollará las siguientes funciones:

a) La elaboración de la normativa e instrucciones en materia de recursos humanos.

b) El asesoramiento jurídico y propuesta de desarrollo normativo del SESCAM, así como la coordinación en asuntos jurídicos y las correspondientes relaciones con el Gabinete Jurídico de la Junta de Comunidades, sin perjuicio de las competencias atribuidas a este.

c) La planificación, diseño, aplicación y coordinación de los programas de actuación preventiva, la promoción de la salud laboral, análisis de los accidentes de trabajo y la elaboración de estudios y asesoramiento en materia de salud laboral.

d) Las relaciones con las organizaciones sindicales en el ámbito del SESCAM, la participación, coordinación, evaluación, seguimiento y elaboración, en su caso, de las propuestas concernientes a acuerdos relativos a la negociación con los sindicatos en materia de personal.

19. Los órganos periféricos territoriales del Servicio de Salud de Castilla-La Mancha a quienes corresponde optimizar la gestión de los servicios y dirigir los recursos y centros que se le asignen, se denominan:

a) Áreas de Salud.

b) Gerencias.

c) Zonas Básicas de Salud.

d) Direcciones Territoriales.

20. Los órganos de dirección y gestión de los recursos y centros de atención primaria y especializada que les sean asignados por la Dirección-Gerencia del SESCAM son:

a) Las gerencias de atención especializada.
b) Las gerencias de ámbito regional.
c) Las gerencias de atención primaria.
d) Las gerencias de atención integrada.

En MADTEST tienes **más preguntas de este tema**, y todos tus avances quedan registrados y se reflejan en el ranking.

¡Supera tus límites con MADTEST!

Solución al test n.º 5

1. c) Áreas de atención integradas.

2. d) Zonas Básicas de Salud.

3. d) Consejos de Salud de Área y Consejos de Salud de Zona.

4. c) Constituye el nivel de acceso ordinario de la población al sistema sanitario.

5. c) Los centros hospitalarios y los Centros Especializados de Diagnóstico y Tratamiento integrados en el Sistema Sanitario.

6. d) Ninguna de las respuestas anteriores es correcta.

7. a) Establecer, sin autorización, servicios complementarios no sanitarios y percibir por ellos cantidades no autorizadas.

8. c) Controlar e inspeccionar las actividades del Sistema Sanitario de Castilla-La Mancha y su adecuación al Plan de Salud.

9. c) Elaborar el Registro de Asociaciones Científicas de carácter sanitario de Castilla-La Mancha así como de las Asociaciones de ayuda mutua y autocuidados, cuyos objetivos se relacionen con la salud, sin perjuicio de las competencias que correspondan al Registro General de Asociaciones.

10. b) Control sanitario de la distribución y suministro de alimentos, bebidas y demás productos directa o indirectamente relacionados con el uso o consumo humanos, excepto sus medios de transporte.

11. a) Es una autoridad administrativa independiente dotada de personalidad jurídica propia y plena capacidad de obrar para el cumplimiento de sus fines.

12. b) Deberá establecer objetivos que permitan incorporar en los diferentes niveles de atención la mejora constante de servicios atendiendo las necesidades de la ciudadanía, las demandas del conjunto de profesionales y el avance de la ciencia para conseguir una mayor eficiencia en la utilización de los recursos.

13. c) Es una Viceconsejería bajo la dirección de la Dirección-Gerencia del Servicio de Salud de Castilla-La Mancha.

14. d) Ninguna de las respuestas anteriores es correcta.

15. c) La persona que ocupe la Dirección-Gerencia.

16. d) La gestión de los servicios generales de los Servicios Centrales del SESCAM, incluida la coordinación administrativa y la contratación necesaria para el funcionamiento de los mismos.

17. a) La Dirección General de Cuidados y Calidad.

18. b) El asesoramiento jurídico y propuesta de desarrollo normativo del SESCAM, así como la coordinación en asuntos jurídicos y las correspondientes relaciones con el Gabinete Jurídico de la Junta de Comunidades, sin perjuicio de las competencias atribuidas a este.

19. b) Gerencias.

20. d) Las gerencias de atención integrada.

TEST N.º 6

La Atención Primaria de Salud. Los Equipos de Atención Primaria. El Centro de Salud y la Zona Básica de Salud. La Asistencia Especializada. El Área Sanitaria. Los hospitales y los centros de especialidades. Los órganos directivos, la estructura, organización y funcionamiento de los hospitales

1. Cuando en un sistema de atención a la salud hablamos de Atención Secundaria hacemos referencia:

a) Al nivel más básico y elemental del sistema.
b) A un nivel no básico sino especializado.
c) A un nivel superespecializado del sistema.
d) Ninguna respuesta es correcta.

2. Señala la respuesta incorrecta respecto al concepto de Atención Primaria:

a) Constituye el primer nivel de acceso ordinario de la población al Sistema Sanitario Público, y se caracteriza por prestar atención integral a la salud.
b) En los servicios de Atención Primaria el usuario halla respuesta a sus problemas más habituales de salud y enfermedad, y sólo cuando el diagnóstico y tratamiento lo requieran y ya no pueda ser atendido con los medios de ese primer nivel, será derivado a la Atención Especializada.
c) La Atención Primaria se desarrolla al principio de la década de los sesenta, como una reacción en contra del sistema sanitario básicamente hospitalario y curativo, especializado, costoso, tecnificado, y alejado del individuo.
d) En los servicios de Atención Primaria el usuario halla respuesta a sus problemas más habituales de salud y enfermedad, y sólo cuando el diagnóstico y tratamiento lo requieran y ya no pueda ser atendido con los medios de ese primer nivel, será derivado a la Atención Especializada.

3. ¿Cuál es la estructura física fundamental de la Atención Especializada?

a) El Centro de Salud.
b) El Ambulatorio.

c) El Consultorio.
d) El Hospital.

4. Conforme a lo establecido en el artículo 65 de la Ley 14/86, de 14 de abril, General de Sanidad, los hospitales quedan adscritos a:

a) Un Distrito Sanitario.
b) Una Zona de Salud.
c) Un Área de Salud.
d) Una Demarcación Médica.

5. Es una de las características de la atención primaria de salud:

a) Los Ambulatorios y los Consultorios han venido a sustituir a los Centros de Salud.
b) Se han instaurado nuevos horarios y régimen de personal, ya no es necesario una dedicación exclusiva al sistema sanitario público por parte de los profesionales.
c) Surge una nueva sectorización del territorio, desaparecen las Zonas Básicas de Salud.
d) Se crean nuevos profesionales que se incorporan, tales como los Trabajadores Sociales, Odontólogos, Farmacéuticos y Veterinarios y los Técnicos de Salud Pública.

6. Señala cuál de las siguientes no es una de las características de la atención primaria de salud:

a) Se establecen nuevos servicios como la cita previa programada, Historia Clínica familiar e individual, Consultas de Enfermería, Consultas del «niño sano», Servicios de Información al Usuario, etc.
b) Surge una nueva concepción de la asistencia sanitaria, individual y colectiva, en la que no sólo se curan individuos enfermos, sino que se promociona la salud y se educan individuos sanos.
c) Desaparecen antiguas áreas asistenciales tales como Salud laboral, Salud Mental, Asistencia social, Enfermos crónicos, etc.
d) Se crea una nueva sectorización del territorio, las Zonas Básicas de Salud.

7. Las Gerencias de Atención Especializada del SESCAM se crean por:

a) Ley de la Asamblea de Castilla-La Mancha.
b) Decreto del Consejo de Gobierno de Castilla-La Mancha.
c) Orden del titular de la Consejería competente en materia de atención sanitaria.
d) Resolución del Director-Gerente del SESCAM.

8. Los Servicios jerarquizados de Especialidades que por sus características deban prestar asistencia sanitaria a más de un Área de Salud se denominan:

a) Servicios de referencia.
b) Servicios comunes.

c) Servicios de área.
d) Servicios base.

9. Los servicios y actividades de los hospitales se agrupan en las siguientes Divisiones:

a) Gerencia, División Médica, División de Enfermería y División de Gestión y Servicios Generales.
b) Secretaría, División Médica, División de Enfermería y División de Gestión.
c) Secretaría, División Técnica, División Médica y División de Enfermería.
d) Gerencia, Secretaría, División Médica y División de Gestión y Servicios Generales.

10. Con la finalidad de alcanzar la máxima operatividad y eficacia en la organización y funcionamiento del Sistema Sanitario Público a nivel primario, cada Área de Salud se divide territorialmente en:

a) Zonas Básicas de Salud.
b) Áreas de Salud.
c) Distritos Sanitarios Básicos.
d) Departamentos Sanitarios Elementales.

11. La delimitación del marco territorial que abarcará cada Zona de Salud se hará teniendo en cuenta criterios demográficos, geográficos y sociales, y será llevada a cabo por:

a) El Ministerio de Sanidad.
b) Las Comunidades Autónomas.
c) Las Corporaciones Locales.
d) El Estado por medio de la Secretaría General de Salud.

12. Como norma general, la Zona Básica de Salud abarcará a una población comprendida entre:

a) Los dos mil y los quince mil habitantes.
b) Los tres mil y los veinte mil habitantes.
c) Los cinco mil y los veinticinco mil habitantes.
d) Los diez mil y los treinta mil habitantes.

13. ¿Cuál de los siguientes factores no habrá de tenerse en cuenta en la delimitación de las zonas básicas, según dispone el art. 62 LGS?

a) El grado de concentración o dispersión de la población.
b) Las instalaciones y recursos sanitarios de la Zona.
c) La edad media de la población de la Zona.
d) Las isocronas o las distancias máximas de las agrupaciones de población más alejadas de los servicios y el tiempo normal a invertir en su recorrido usando los medios ordinarios.

14. ¿Cómo se denomina al conjunto de profesionales sanitarios y no sanitarios cuyo ámbito territorial principal de actuación es la Zona Básica de Salud y con localización física principal en el Centro de Salud?

a) Equipo de Atención Primaria.
b) Personal Básico Sanitario.
c) Equipo Básico de Salud.
d) Grupo de Atención Primaria.

15. ¿Cuándo podrán las Zonas de Salud abarcar a una población superior a los veinticinco mil habitantes?

a) En ningún caso.
b) Excepcionalmente, y cuando las circunstancias demográficas así lo aconsejen.
c) Como norma general las Zonas de Salud abarcan hasta una población de 30.000 habitantes.
d) Ninguna respuesta es correcta.

16. Como norma general, la dedicación del personal sanitario del Equipo de Atención Primaria será de:

a) Treinta y cinco horas semanales.
b) Treinta y siete horas y media semanales.
c) Cuarenta horas semanales.
d) Cuarenta y dos horas semanales.

17. ¿De quién depende funcionalmente el Equipo de Atención Primaria?

a) De un Coordinador Médico.
b) Del Director Médico del Centro Sanitario.
c) Del Jefe Sanitario de la Zona.
d) Del Director Técnico del Distrito Sanitario.

18. ¿Por cuánto tiempo es nombrado el Coordinador Médico del Equipo de Atención Primaria?

a) Por periodos semestrales.
b) Por un año renovable por igual periodo.
c) Por dos años renovables una sola vez.
d) Por tiempo indefinido.

19. ¿Cómo se denomina a la estructura física y funcional que permite el adecuado desarrollo de una atención primaria de salud coordinada global, integral, permanente y continuadamente, y con base en el trabajo de equipo de los profesionales sanitarios y no sanitarios que actúan en el mismo?

a) Ambulatorio.
b) Consultorio.

c) Centro de Salud.
d) Hospital.

20. ¿Dónde desarrolla sus actividades y funciones el Equipo de Atención Primaria?

a) En los Hospitales.
b) En los Centros de Salud.
c) En los Ambulatorios.
d) En los Consultorios.

En MADTEST tienes **más preguntas de este tema**, y todos tus avances quedan registrados y se reflejan en el ranking.

¡Supera tus límites con MADTEST!

Solución al test n.º 6

1. b) A un nivel no básico sino especializado.

2. c) La Atención Primaria se desarrolla al principio de la década de los sesenta, como una reacción en contra del sistema sanitario básicamente hospitalario y curativo, especializado, costoso, tecnificado, y alejado del individuo.

3. d) El Hospital.

4. c) Un Área de Salud.

5. d) Se crean nuevos profesionales que se incorporan, tales como los Trabajadores Sociales, Odontólogos, Farmacéuticos y Veterinarios y los Técnicos de Salud Pública.

6. c) Desaparecen antiguas áreas asistenciales tales como Salud laboral, Salud Mental, Asistencia social, Enfermos crónicos, etc.

7. c) Orden del titular de la Consejería competente en materia de atención sanitaria.

8. a) Servicios de referencia.

9. a) Gerencia, División Médica, División de Enfermería y División de Gestión y Servicios Generales.

10. a) Zonas Básicas de Salud.

11. b) Las Comunidades Autónomas.

12. c) Los cinco mil y los veinticinco mil habitantes.

13. c) La edad media de la población de la Zona.

14. a) Equipo de Atención Primaria.

15. b) Excepcionalmente, y cuando las circunstancias demográficas así lo aconsejen.

16. c) Cuarenta horas semanales.

17. a) De un Coordinador Médico.

18. d) Por tiempo indefinido.

19. c) Centro de Salud.

20. b) En los Centros de Salud.

TEST N.º 7

La Ley de Prevención de Riesgos Laborales: Derechos y obligaciones; Consulta y participación de los trabajadores. Plan General de Prevención del Sescam. Plan Perseo: procedimiento de actuación ante una situación de violencia en el centro de trabajo. Resolución de 27/03/2024, de la Dirección-Gerencia, del procedimiento para la certificación negativa del Registro Central de Delincuentes Sexuales y de Trata de Seres Humanos del personal de las instituciones sanitarias del Servicio de Salud de Castilla-La Mancha

1. Los representantes de los trabajadores con competencia en materia de prevención de riesgos laborales son:

a) Los miembros de la Junta de personal, Junta Facultativo y Junta de Enfermería.
b) Los técnicos de prevención de riesgos laborales.
c) El Servicio de Medicina Preventiva.
d) Los delegados de prevención.

2. ¿Qué se entiende por "riesgo laboral"?

a) La posibilidad de que un trabajador sufra un determinado daño derivado del trabajo.
b) La posibilidad de que un trabajador sufra una enfermedad en el trabajo.
c) La posibilidad de que un trabajador sufra acoso.
d) El riesgo que supone el ir a trabajar.

3. ¿Quién debe garantizar a los trabajadores la vigilancia periódica de su estado de salud en función de los riesgos inherentes al trabajo?

a) La Inspección de Trabajo.
b) El propio trabajador.
c) El empresario.
d) Las secciones sindicales.

4. El derecho básico reconocido a los trabajadores por la Ley 31/1995, de 8 de noviembre, es:

a) La vigilancia de su estado de salud.
b) Una protección eficaz en materia de seguridad y salud en el trabajo.
c) La formación en materia preventiva.
d) La información, consulta y participación.

5. Indicar cuál es la definición de prevención:

a) La probabilidad racional de que un riesgo se materialice de forma inminente.
b) El estudio de los procesos potencialmente peligrosos para el trabajo.
c) Conjunto de actividades o medidas adoptadas o previstas en todas las fases de actividad de la empresa con el fin de evitar o disminuir los riesgos derivados del trabajo.
d) Posibilidad de que un trabajador sufra un determinado daño derivado del trabajo.

6. Señala la respuesta incorrecta:

a) La Ley de Prevención de Riesgos Laborales se aplica a los operativos de Seguridad civil en casos de catástrofe.
b) La Ley de Prevención de Riesgos Laborales se aplica a las sociedades cooperativas.
c) En el ámbito de la relación laboral de carácter especial del servicio del hogar familiar, las personas trabajadoras tienen derecho a una protección eficaz en materia de seguridad y salud en el trabajo.
d) En los establecimientos penitenciarios, se adaptarán a la Ley de Prevención de Riesgos Laborales aquellas actividades cuyas características justifiquen una regulación especial.

7. ¿Cuál es la vigente Ley de Prevención de Riesgos Laborales?

a) Ley 32/1995, de 8 de noviembre.
b) Ley 30/1996, de 8 de noviembre.
c) Ley 31/1995, de 6 de noviembre.
d) Ley 31/1995, de 8 de noviembre.

8. Entre los principios de la acción preventiva recogidos por el artículo 15 de la Ley de Prevención de Riesgos Laborales, no figura:

a) Evitar los riesgos.
b) Evaluar los riesgos que se puedan evitar.
c) Tener en cuenta la evolución de la técnica.
d) Dar las debidas instrucciones a los trabajadores.

9. ¿Cuántos delegados de prevención se deberán elegir en empresas entre 3001 y 4000 trabajadores?

a) 5.
b) 6.

c) 7.
d) 8.

10. En las empresas de hasta 30 trabajadores el Delegado de Prevención será:

a) El propio empresario.
b) El trabajador más antiguo.
c) El trabajador de mayor cualificación.
d) El delegado de personal.

11. Según la Ley de Prevención de Riesgos Laborales, se constituirá un Comité de Seguridad y Salud en todas las empresas o centros de trabajo que cuenten con:

a) 30 o más trabajadores.
b) 50 o más trabajadores.
c) 75 o más trabajadores.
d) 100 o más trabajadores.

12. Entre las obligaciones de los trabajadores recogidas por la Ley de Prevención de Riesgos Laborales, no figura:

a) Informar directamente al empresario de cualquier situación que entrañe riesgo para la seguridad o salud de los trabajadores.
b) Contribuir al cumplimiento de las obligaciones establecidas por la autoridad competente con el fin de proteger la seguridad y la salud de los trabajadores en el trabajo.
c) Cooperar con el empresario para que este pueda garantizar unas condiciones de trabajo que sean seguras y no entrañen riesgos para la seguridad y la salud de los trabajadores.
d) Utilizar correctamente los medios y equipos de protección facilitados por el empresario, de acuerdo con las instrucciones recibidas de este.

13. La Ley 31/1995, de 8 de noviembre, de Prevención de Riesgos Laborales, ¿se aplica a los empleados de la Administración Pública?

a) Sí, sin distinciones.
b) A los funcionarios sí, al personal laboral no.
c) Al personal laboral sí, a los funcionarios no.
d) No se aplica ni a funcionarios ni a personal laboral.

14. El órgano paritario y colegiado de participación destinado a la consulta regular y periódica de las actuaciones de la empresa en materia de prevención de riesgos, es:

a) El Comité de Empresa.
b) El Consejo de Vigilancia de la Prevención.

c) La Comisión de Evaluación de Riesgos Laborales.
d) El Comité de Seguridad y Salud.

15. ¿Qué capítulo de la Ley 31/1995, de Prevención de Riesgos Laborales se refiere a los derechos y obligaciones?

a) Capítulo 2.
b) Capítulo 3.
c) Capítulo 4.
d) Capítulo 5.

16. La acción preventiva en la empresa:

a) Se planificará por el Comité de Seguridad y Salud a partir de una evaluación inicial de riesgos.
b) Se planificará por los Delegados de Prevención a partir de una evaluación inicial de riesgos.
c) Se planificará por el empresario a partir de una evaluación inicial de riesgos.
d) Se planificará por los Delegados de Personal a partir de una evaluación inicial de riesgos.

17. ¿Cuándo se deben utilizar los equipos de protección individual?

a) Siempre.
b) Cuando los riesgos no hayan sido evaluados.
c) Cuando los riesgos no se puedan evitar o no puedan limitarse.
d) Cuando el trabajador lo estime oportuno.

18. Cuando los trabajadores estén expuestos a un riesgo grave e inminente con ocasión de su trabajo, y el empresario no adopte o no permita la adopción de las medidas necesarias para garantizar la seguridad y la salud de los trabajadores, la Ley 31/1995, de 8 de noviembre, de Prevención de Riesgos Laborales prevé:

a) Los trabajadores afectados podrán paralizar la actividad.
b) El órgano de representación del personal instará formalmente al empresario a la adopción de las medidas necesarias.
c) Los Delegados de Prevención lo comunicarán a la autoridad laboral, que adoptará las medidas necesarias.
d) El órgano de representación de personal podrá acordar la paralización de la actividad.

19. ¿Pueden los trabajadores efectuar propuestas al empresario y a los órganos de participación para mejorar los niveles de protección de la seguridad y salud en la empresa?

a) No.
b) Sí.

c) Según el tamaño de la empresa.

d) Según el número de trabajadores.

20. Según establece el art. 4 de la Ley 31/1995, de 8 de noviembre, de Prevención de Riesgos Laborales, se define como daños derivados del trabajo:

a) La posibilidad de que un trabajador sufra un determinado daño derivado del trabajo.

b) El que resulte probable racionalmente que se materialice en un futuro inmediato y pueda suponer un daño grave para la salud de los trabajadores.

c) Las enfermedades, patologías o lesiones sufridas con motivo u ocasión del trabajo.

d) Cualquier máquina, aparato, instrumento o instalación utilizada en el trabajo.

En MADTEST tienes **más preguntas de este tema**, y todos tus avances quedan registrados y se reflejan en el ranking.

¡Supera tus límites con MADTEST!

Solución al test n.º 7

1. d) Los delegados de prevención.

2. a) La posibilidad de que un trabajador sufra un determinado daño derivado del trabajo.

3. c) El empresario.

4. b) Una protección eficaz en materia de seguridad y salud en el trabajo.

5. c) Conjunto de actividades o medidas adoptadas o previstas en todas las fases de actividad de la empresa con el fin de evitar o disminuir los riesgos derivados del trabajo.

6. a) La Ley de Prevención de Riesgos Laborales se aplica a los operativos de Seguridad civil en casos de catástrofe.

7. d) Ley 31/1995, de 8 de noviembre.

8. b) Evaluar los riesgos que se puedan evitar.

9. c) 7.

10. d) El delegado de personal.

11. b) 50 o más trabajadores.

12. a) Informar directamente al empresario de cualquier situación que entrañe riesgo para la seguridad o salud de los trabajadores.

13. a) Sí, sin distinciones.

14. d) El Comité de Seguridad y Salud.

15. b) Capítulo 3.

16. c) Se planificará por el empresario a partir de una evaluación inicial de riesgos.

17. c) Cuando los riesgos no se puedan evitar o no puedan limitarse.

18. d) El órgano de representación de personal podrá acordar la paralización de la actividad.

19. b) Sí.

20. c) Las enfermedades, patologías o lesiones sufridas con motivo u ocasión del trabajo.

TEST N.º 8

**Los documentos administrativos: concepto y clases.
Registro y archivo de documentos. Formación del expediente
administrativo. Gestión de Documentos en el Sector Público
de la Junta de Comunidades de Castilla-La Mancha**

1. Son el acto por el que la Administración da a conocer a los particulares interesados la resolución o acuerdo adoptado:

a) Requerimientos.
b) Notificaciones.
c) Certificaciones.
d) Providencias.

2. La Administración constata públicamente la realización de un hecho o la existencia de un acto administrativo anterior o de una situación jurídica determinada, a los efectos que procedan, mediante la expedición de:

a) Informes.
b) Minutas.
c) Certificados.
d) Providencias.

3. Señala la palabra que falta en la siguiente frase: "Conforme al artículo 4 de la Ley 19/2002, de 24 de octubre, de Archivos Públicos de Castilla-La Mancha, son documentos toda expresión en lenguaje natural o .... y cualquier otra expresión gráfica, sonora o en imágenes, generados o reunidos en cualquier tipo de soporte material por las personas, físicas o jurídicas, públicas o privadas, en el ejercicio de sus actividades".

a) Encriptado.
b) Codificado.
c) Simbólico.
d) Reglado.

4. La "data crónica" de un documento se refiere:

a) El lugar en que se elaboró.
b) Al soporte que lo contiene.
c) A la fecha en que se elaboró.
d) A su contenido o la información que proporciona.

5. El valor primario de un documento se relaciona con su valor:

a) Histórico.
b) Artístico.
c) Económico.
d) Administrativo.

6. ¿En qué edad tiene un documento pleno valor primario?

a) Edad histórica.
b) Edad administrativa.
c) Edad intermedia.
d) Edad archivística.

7. Por su origen, podemos considerar como documentos terciarios a:

a) Los anuarios.
b) Los mapas.
c) Los tesauros.
d) Las revistas de sumarios.

8. Es un documento administrativo de comunicación interna:

a) La notificación.
b) El acta.
c) El acuerdo.
d) El oficio.

9. Señala de los siguientes cuál es un documento administrativo de juicio:

a) El informe.
b) El certificado.
c) La denuncia.
d) El oficio.

10. La red de oficinas en materia de registros, existentes a partir de la entrada en vigor de la LPACAP pasarán a denominarse:

a) Oficinas de asistencia en materia de registros.
b) Oficinas auxiliares.

c) Oficinas secundarias.
d) Registros auxiliares públicos.

11. Señala la palabra que falta en la siguiente frase: "Según la disposición adicional 4.ª de la LPACAP, las Administraciones Públicas deberán mantener permanentemente actualizado en la correspondiente sede electrónica un.................... geográfico que permita al interesado identificar la oficina de asistencia en materia de registros más próxima a su domicilio".

a) Mapa.
b) Organigrama.
c) Directorio.
d) Archivo.

12. El conjunto ordenado de documentos y actuaciones que sirven de antecedentes y fundamentos a la resolución administrativa, así como las diligencias encaminadas a ejecutarlas, se denomina:

a) Registro.
b) Archivo.
c) Expediente.
d) Dosier.

13. Los documentos que forman parte de un procedimiento que está siendo tramitado por una unidad administrativa y se utiliza habitualmente en los trabajos de gestión, conforman:

a) La documentación histórica.
b) La documentación semiactiva.
c) La documentación primaria.
d) La documentación activa.

14. Las características de un documento de archivo, que servirán para identificarlo y diferenciarlo de otras modalidades documentales, son:

a) Objetividad, seriación y sistematización.
b) Seriación, unicidad y objetividad.
c) Sistematización, unicidad y seriación.
d) Unicidad, subjetividad y seriación.

15. El carácter externo denominado clase:

a) Está definido como el procedimiento mediante el cual se transmite lo contenido en el documento.
b) Se refiere a las series documentales.
c) Se refiere a la forma material en que se presenta el documento.
d) Alude a la configuración física del documento.

16. Forma parte de la estructura interior del documento y de la forma como se organiza su contenido:

a) El tipo.
b) El origen funcional.
c) El soporte.
d) El formato.

17. El valor secundario de un documento se refiere:

a) Al origen del documento.
b) A la misión del documento.
c) Al valor legal del documento.
d) A la capacidad de información del documento.

18. La etapa prearchivística de los documentos tiene una duración aproximada de:

a) Un año.
b) 5 años.
c) 25 años.
d) 50 años.

19. Se entiende por documentos públicos administrativos:

a) Las notificaciones y resoluciones de un procedimiento administrativo.
b) Los enviados formalmente a una Administración Pública.
c) Los comunicados de los órganos oficiales.
d) Los válidamente emitidos por las Administraciones Públicas.

20. Para ser considerados válidos, los documentos electrónicos deben contener información de cualquier naturaleza archivada en un soporte electrónico según un formato determinado susceptible de identificación y:

a) Catalogación.
b) Tratamiento diferenciado.
c) Normalización.
d) Firma.

En MADTEST tienes **más preguntas de este tema**, y todos tus avances quedan registrados y se reflejan en el ranking.

¡Supera tus límites con MADTEST!

Solución al test n.º 8

1. b) Notificaciones.

2. c) Certificados.

3. b) Codificado.

4. c) A la fecha en que se elaboró.

5. d) Administrativo.

6. b) Edad administrativa.

7. c) Los tesauros.

8. d) El oficio.

9. a) El informe.

10. a) Oficinas de asistencia en materia de registros.

11. c) Directorio.

12. c) Expediente.

13. d) La documentación activa.

14. b) Seriación, unicidad y objetividad.

15. a) Está definido como el procedimiento mediante el cual se transmite lo contenido en el documento.

16. b) El origen funcional.

17. d) A la capacidad de información del documento.

18. b) 5 años.

19. d) Los válidamente emitidos por las Administraciones Públicas.

20. b) Tratamiento diferenciado.

TEST N.º 9

**Ley de Régimen Jurídico del Sector Público:
Disposiciones generales. Los órganos administrativos.
Principios generales y competencia. Abstención y recusación.
Principios de la potestad sancionadora. Principios de la
responsabilidad patrimonial. Relaciones interadmistrativas**

1. Según el artículo 3 de la Ley 40/2015; uno de los principios de acuerdo con los que actúa la Administración Pública es el de *Buena fe, confianza legítima y* **(completa la frase):**

a) Lealtad institucional.
b) Proximidad a los ciudadanos.
c) Servicio efectivo a los ciudadanos.
d) Responsabilidad.

2. Según el artículo 3 de la Ley 40/2015; uno de los principios de acuerdo con los que actúa la Administración Pública es el de *Simplicidad, claridad y* .... **(completa la frase):**

a) Economía.
b) Eficacia.
c) Proximidad a los ciudadanos.
d) Racionalización.

3. Según el artículo 3 de la Ley 40/2015; uno de los principios de acuerdo con los que actúa la Administración Pública es el de *Participación, objetividad y* **(completa la frase):**

a) Transparencia de la actuación administrativa.
b) Evaluación de los resultados.
c) Adecuación estricta de los medios a los fines institucionales.
d) Colaboración.

4. Según el artículo 3 de la Ley 40/2015, uno de los principios de acuerdo con los que actúa la Administración Pública es el de Racionalización y agilidad de los procedimientos administrativos y de... (completa la frase):

a) Las políticas públicas.
b) Las actividades materiales de gestión.
c) Las asignaciones de los recursos públicos.
d) La evaluación de los resultados de las políticas públicas.

5. Las Administraciones Públicas sirven con objetividad:

a) Los intereses generales.
b) Las políticas del Gobierno.
c) Los valores superiores.
d) Los derechos y deberes fundamentales.

6. Las Administraciones Públicas actúan con sometimiento pleno a la Constitución, a la Ley y a:

a) Los Tratados Internacionales.
b) Los Derechos Humanos.
c) El Rey.
d) El Derecho.

7. De los siguientes, ¿cuál no es un requisito exigido para la creación de cualquier órgano administrativo?

a) Determinación de su forma de integración en la Administración Pública de que se trate y su dependencia jerárquica.
b) Delimitación de sus funciones y competencias.
c) Dotación de los créditos necesarios para su puesta en marcha y funcionamiento.
d) Identificación de los órganos con los que vayan a causar duplicación de competencias.

8. En cuanto a la competencia de los órganos administrativos:

a) La competencia es renunciable por los órganos que la tengan atribuida.
b) La titularidad y el ejercicio de las competencias atribuidas a los órganos administrativos no podrán ser desconcentradas en otros jerárquicamente dependientes de aquéllos.
c) La encomienda de gestión, la delegación de firma y la suplencia no suponen alteración de la titularidad de la competencia, aunque sí de los elementos determinantes de su ejercicio que en cada caso se prevén.
d) Si alguna disposición atribuye competencia a una Administración, sin especificar el órgano que debe ejercerla, se entenderá que la facultad de instruir y resolver los expedientes corresponde a los órganos superiores competentes por razón de la materia y del territorio.

9. En referencia a los órganos administrativos, podrán delegar competencias relativas a:

a) Asuntos que se refieran a relaciones con la Jefatura del Estado.

b) La adopción de disposiciones de carácter general.

c) La resolución de recursos en los órganos administrativos que hayan dictado los actos objeto de recurso.

d) El ejercicio de la potestad sancionadora.

10. En relación a la delegación de competencias entre órganos administrativos, no es cierto que:

a) La delegación puede ser revocada en cualquier momento por el órgano que la haya conferido.

b) La delegación de competencias atribuidas a órganos colegiados, para cuyo ejercicio ordinario se requiera un quórum especial, deberá adoptarse observando, en todo caso, dicho quórum.

c) Las competencias que se ejercen por delegación pueden ser delegadas.

d) No podrán ser delegadas aquellas materias en que así se determine por norma con rango de ley.

11. En cuanto a la delegación de firma, es cierto que:

a) La delegación de firma altera la competencia del órgano delegante.

b) Para su validez es necesaria su publicación.

c) Solo puede delegarse la firma en materias que se ostenten por atribución.

d) En las resoluciones y actos que se firmen por delegación se hará constar la autoridad de procedencia.

12. En relación a los conflictos de atribuciones entre órganos administrativos, no es cierto que:

a) El órgano administrativo que se estime incompetente para la resolución de un asunto remitirá directamente las actuaciones al órgano que considere competente.

b) Los interesados que sean parte en el procedimiento podrán dirigirse al órgano que se encuentre conociendo de un asunto para que decline su competencia y remita las actuaciones al órgano competente.

c) Los interesados podrán dirigirse al órgano que estimen competente para que requiera de inhibición al que esté conociendo del asunto.

d) Los conflictos de atribuciones sólo podrán suscitarse entre órganos de una misma Administración relacionados jerárquicamente.

13. En relación a las instrucciones y órdenes de servicio, no es cierto que:

a) El incumplimiento de las instrucciones u órdenes de servicio supone la invalidez de los actos dictados por los órganos administrativos.

b) Son normas de carácter interno, que no han de afectar a los administrados.

c) No requieren un especial procedimiento de elaboración.

d) Su cumplimiento se subordina al conocimiento de las mismas por sus destinatarios.

14. Las autoridades y el personal al servicio de las Administraciones se abstendrán de intervenir en el procedimiento (señala la opción incorrecta):

a) Cuando tengan interés personal en el asunto de que se trate o en otro en cuya resolución pudiera influir la de aquél.

b) Si tienen parentesco de consanguinidad o de afinidad dentro del cuarto grado, con cualquiera de los interesados.

c) Tener amistad íntima con los administradores de entidades o sociedades interesadas o con los asesores, representantes legales o mandatarios que intervengan en el procedimiento.

d) Haber tenido intervención como perito o como testigo en el procedimiento de que se trate.

15. Señala la opción correcta en relación con la abstención en el procedimiento:

a) La actuación de autoridades y personal al servicio de las Administraciones Públicas en los que concurran motivos de abstención implicará, necesariamente, la invalidez de los actos en que hayan intervenido.

b) Los órganos jerárquicamente superiores podrán ordenar a las personas en quienes se dé alguna de las circunstancias señaladas en el art. 23 de la LRJSP que se abstengan de toda intervención en el expediente.

c) La no abstención en los casos en que proceda no dará lugar a responsabilidad.

d) La enemistad manifiesta no es motivo de abstención en el procedimiento de una autoridad de la Administración Pública.

16. En lo concerniente a la recusación, a la que se refiere el art. 24 de la LRJSP:

a) La recusación deberá promoverse por los interesados antes de que se inicie la tramitación del procedimiento.

b) La recusación se planteará por escrito en el que se expresará la causa o causas en que se funda.

c) Si el recusado niega la causa de recusación, el superior resolverá en el plazo de tres meses, previos los informes y comprobaciones que considere oportunos.

d) Contra las resoluciones adoptadas en esta materia cabe recurso de alzada.

17. Los órganos administrativos podrán dirigir las actividades de sus órganos jerárquicamente dependientes mediante:

a) Instrucciones y Órdenes de servicio.

b) Circulares.

c) Notas de servicio y Recomendaciones.

d) Directrices y Avisos.

18. Según el artículo 7 de la LRJSP, la Administración consultiva podrá articularse a través de los servicios de la Administración activa que prestan asistencia jurídica. En tal caso, dichos servicios:

a) Estarán sujetos a dependencia jerárquica orgánica pero no funcional.

b) No podrán recibir instrucciones, directrices o cualquier clase de indicación de los órganos que hayan elaborado las disposiciones o producido los actos objeto de consulta.

c) Podrán actuar como órganos individuales o como órganos colegiados.

d) Podrán suponer duplicación de otros ya existentes para tener la posibilidad de contrastar pareceres.

19. En el caso de los Organismos públicos o Entidades vinculados o dependientes, la delegación de competencias deberá ser aprobada previamente por:

a) El titular del Ministerio o Consejería a la que se encuentren adscritos.

b) El titular del Ministerio o Consejería competente en materia de Presidencia.

c) El Consejo de Ministros o Consejo de Gobierno de la Comunidad Autónoma.

d) El órgano máximo de dirección, de acuerdo con sus normas de creación.

20. Cuando se trate de órganos no relacionados jerárquicamente, y el delegante y el delegado pertenecen a diferentes Ministerios, ¿se podrá realizar una delegación de competencias?

a) Sí, siempre que el delegante tenga igual o mayor rango que el delegado.

b) No, en ningún caso.

c) Sí, previa aprobación del órgano superior de quien dependa el órgano delegado.

d) Sí, previa aprobación del órgano superior común.

En MADTEST tienes **más preguntas de este tema**, y todos tus avances quedan registrados y se reflejan en el ranking.

¡Supera tus límites con MADTEST!

Solución al test n.º 9

1. a) Lealtad institucional.

2. c) Proximidad a los ciudadanos.

3. a) Transparencia de la actuación administrativa.

4. b) Las actividades materiales de gestión.

5. a) Los intereses generales.

6. d) El Derecho.

7. d) Identificación de los órganos con los que vayan a causar duplicación de competencias.

8. c) La encomienda de gestión, la delegación de firma y la suplencia no suponen alteración de la titularidad de la competencia, aunque sí de los elementos determinantes de su ejercicio que en cada caso se prevén.

9. d) El ejercicio de la potestad sancionadora.

10. c) Las competencias que se ejercen por delegación pueden ser delegadas.

11. d) En las resoluciones y actos que se firmen por delegación se hará constar la autoridad de procedencia.

12. d) Los conflictos de atribuciones sólo podrán suscitarse entre órganos de una misma Administración relacionados jerárquicamente.

13. a) El incumplimiento de las instrucciones u órdenes de servicio supone la invalidez de los actos dictados por los órganos administrativos.

14. b) Si tienen parentesco de consanguinidad o de afinidad dentro del cuarto grado, con cualquiera de los interesados.

15. b) Los órganos jerárquicamente superiores podrán ordenar a las personas en quienes se dé alguna de las circunstancias señaladas en el art. 23 de la LRJSP que se abstengan de toda intervención en el expediente.

16. b) La recusación se planteará por escrito en el que se expresará la causa o causas en que se funda.

17. a) Instrucciones y Órdenes de servicio.

18. b) No podrán recibir instrucciones, directrices o cualquier clase de indicación de los órganos que hayan elaborado las disposiciones o producido los actos objeto de consulta.

19. d) El órgano máximo de dirección, de acuerdo con sus normas de creación.

20. c) Sí, previa aprobación del órgano superior de quien dependa el órgano delegado.

TEST N.º 10

**El acto administrativo: concepto, naturaleza y elementos.
Requisitos y eficacia. Nulidad y anulabilidad.
La revisión de oficio y los recursos administrativos**

1. El contenido eventual del acto supone:

a) Que este puede estar condicionado.
b) Que se presume en todos los actos del mismo tipo.
c) Que es connatural con el acto de que se trate.
d) Su carácter reglado.

2. La compulsión sobre las personas:

a) Deriva de la propia esencia del acto administrativo.
b) Deriva del principio de ejecutividad de los actos administrativos.
c) Deriva de la posibilidad en manos de la Administración Pública de ejecutar forzosamente algunos actos administrativos.
d) Es similar al lanzamiento administrativo.

3. Cuando algo necesariamente forma parte de un acto administrativo, hablamos de contenido:

a) Natural.
b) Legal.
c) Eventual.
d) Implícito.

4. El recurso de alzada contra actos que no agotan la vía administrativa es:

a) Extraordinario.
b) La regla general.
c) Especial.
d) Inexistente.

5. ¿Cuál es el medio utilizado por la Administración para el cobro de las cantidades líquidas adeudadas a la misma que voluntariamente no han sido abonadas por los obligados a ello?

a) Apremio sobre el patrimonio.
b) Multa coercitiva.
c) Ejecución subsidiaria.
d) Compulsión sobre las personas.

6. La regla general cuando un acto infringe el ordenamiento jurídico es:

a) Su anulabilidad.
b) Su validez temporal.
c) Su nulidad relativa.
d) Las respuestas a) y c) son correctas.

7. Las resoluciones administrativas que vulneren lo establecido en una disposición reglamentaria son:

a) Nulas.
b) Válidas.
c) Anulables.
d) Temporalmente válidas.

8. Las cláusulas accesorias de un acto administrativo forman parte del contenido:

a) Natural del acto.
b) Implícito del mismo.
c) Legal del acto.
d) Eventual del acto.

9. La compulsión sobre las personas no procede en los actos que:

a) Comporten una obligación no personalísima de hacer.
b) Esta obligación sea personalísima de no hacer.
c) Esta obligación sea personalísima de soportar.
d) Se dé cualquiera de las circunstancias anteriores.

10. La _reformatio in peius_, en materia de recursos:

a) Se admite como regla general.
b) Solo se permite en materia sancionadora.
c) Se admite cuando el recurso está claramente infundado.
d) Está expresamente prohibida.

11. Un acto complejo es aquel:

a) En el que intervienen, sucesivamente, en virtud de la tutela administrativa, dos órganos administrativos.
b) Que se adopta por un órgano colegiado.
c) En cuyo proceso de elaboración se ha evacuado el dictamen de un órgano consultivo.
d) En cuya emisión de voluntad han de intervenir, como mínimo, dos órganos administrativos.

12. Los efectos de una declaración de nulidad absoluta se producen desde:

a) Que se notifica el acto anulatorio.
b) El momento de la declaración de la nulidad.
c) La notificación o publicación del acto anulatorio, según los casos.
d) Que se dictó el acto anulado.

13. Cuando hayan de tenerse en cuenta nuevos hechos o documentos no recogidos en el expediente originario, se pondrán de manifiesto a los interesados para que formulen las alegaciones que estimen procedentes, en un plazo:

a) No inferior a diez días ni superior a quince.
b) De veinte días.
c) No inferior a cinco días ni superior a veinte.
d) De treinta días.

14. Entre los medios de ejecución forzosa no se encuentra el/la:

a) Desahucio administrativo.
b) Ejecución subsidiaria.
c) Multa coercitiva.
d) Compulsión sobre la persona.

15. Según dispone el art. 41 LPACAP, las notificaciones se practicarán preferentemente:

a) Por la vía postal.
b) Telefónicamente.
c) Por medios electrónicos.
d) Por el medio más rápido y económico para la Administración.

16. Según provengan de un solo órgano administrativo o de dos o más órganos administrativos, los actos administrativos se clasifican en:

a) Actos únicos y actos múltiples.
b) Actos de trámite y actos complejos.

c) Actos simples y complejos.
d) Actos básicos y actos complejos.

17. La resolución de un recurso:

a) Debe circunscribirse a lo solicitado por el recurrente.
b) Resolverá cuantas cuestiones se deduzcan del expediente.
c) No es necesario que se motive.
d) Debe aceptar las razones en que se fundamente el propio recurso.

18. El procedimiento, que es la vía a través de la cual se elabora la declaración de voluntad, deseo, conocimiento o juicio de la Administración, en que consiste el acto, es un elemento del acto administrativo de tipo:

a) Objetivo.
b) Subjetivo.
c) Formal.
d) Accidental.

19. ¿Cuándo podrá la Administración Pública convalidar un acto administrativo?

a) Cuando el vicio consiste en incompetencia jerárquica.
b) Cuando el vicio consiste en incompetencia funcional.
c) Cuando el vicio consiste en incompetencia territorial.
d) En ninguno de los anteriores casos.

20. Serán motivados, con sucinta referencia de hechos y fundamentos de derecho:

a) Los actos que se separen del criterio seguido en actuaciones precedentes o del dictamen de órganos consultivos.
b) Los actos que limiten derechos subjetivos o intereses legítimos
c) Los actos que resuelvan procedimientos de revisión de oficio de disposiciones o actos administrativos, recursos administrativos y procedimientos de arbitraje y los que declaren su inadmisión.
d) Todas las respuestas son correctas.

En MADTEST tienes **más preguntas de este tema**, y todos tus avances quedan registrados y se reflejan en el ranking.

¡Supera tus límites con MADTEST!

Solución al test n.º 10

1. a) Que este puede estar condicionado.

2. c) Deriva de la posibilidad en manos de la Administración Pública de ejecutar forzosamente algunos actos administrativos.

3. a) Natural.

4. b) La regla general.

5. a) Apremio sobre el patrimonio.

6. d) Las respuestas a) y c) son correctas.

7. a) Nulas.

8. d) Eventual del acto.

9. a) Comporten una obligación no personalísima de hacer.

10. d) Está expresamente prohibida.

11. d) En cuya emisión de voluntad han de intervenir, como mínimo, dos órganos
administrativos.

12. d) Que se dictó el acto anulado.

13. a) No inferior a diez días ni superior a quince.

14. a) Desahucio administrativo.

15. c) Por medios electrónicos.

16. c) Actos simples y complejos.

17. b) Resolverá cuantas cuestiones se deduzcan del expediente.

18. c) Formal.

19. a) Cuando el vicio consiste en incompetencia jerárquica.

20. d) Todas las respuestas son correcta.

TEST N.º 11

El procedimiento administrativo: los interesados del procedimiento. Actividad de las Administraciones Públicas: normas generales de actuación; términos y plazos. El procedimiento administrativo común: derechos del interesado; iniciación; instrucción, finalización y ejecución. Tramitación simplificada

1. La sede electrónica a través de la cual se facilita el acceso a los servicios y procedimientos de las distintas sedes electrónicas de la Administración Pública correspondiente, se conoce en la LPACAP como:

a) Punto general de acceso.
b) Oficina virtual de referencia.
c) Registro general electrónico.
d) Portal-sede.

2. El artículo 53.1 de la LPACAP reconoce que los interesados en un procedimiento administrativo tienen derecho a formular alegaciones, utilizar los medios de defensa admitidos por el Ordenamiento Jurídico, y a aportar documentos:

a) En cualquier fase del procedimiento.
b) En cualquier fase del procedimiento anterior a la resolución.
c) En cualquier fase del procedimiento anterior al trámite de audiencia.
d) En cualquier momento de la fase de instrucción.

3. En sus relaciones con las Administraciones Públicas, los ciudadanos tienen derecho a:

a) Identificar a las autoridades y al personal al servicio de las Administraciones Públicas bajo cuya responsabilidad se tramiten los procedimientos.
b) Utilizar en todo el territorio nacional cualquiera de las lenguas oficiales del país.
c) Acceder, sin restricciones de ningún tipo, a todos los documentos obrantes en cualquier procedimiento en tramitación.
d) Obtener copia de expedientes en tramitación relacionados con su profesión, aunque no tengan la condición de interesados en ello.

4. Los/as interesados/as tienen derecho a conocer el estado de la tramitación de los procedimientos:

a) En cualquier momento.

b) En cualquier momento anterior al trámite de audiencia.

c) En cualquier momento anterior al trámite de audiencia siempre que acrediten ser titulares de derechos que resulten afectados por la decisión final.

d) En cualquier momento siempre que acrediten ser titulares de intereses que resulten afectados por la decisión final.

5. En caso de que excepcionalmente, en un procedimiento, el interesado deba presentar un documento original, tendrá derecho a:

a) Obtener una copia autenticada del documento original.

b) No desprenderse de él, presentándolo únicamente para que el funcionario correspondiente autentifique una copia con la que se quedará, devolviendo el original al interesado.

c) Recuperarlo en un plazo máximo de 30 días.

d) Ninguna norma puede exigir la presentación de documentos originales.

6. En relación con el tipo de comunicación del interesado con la Administración, no es cierto que:

a) Las personas físicas puedan elegir en todo momento si se comunican con las Administraciones Públicas para el ejercicio de sus derechos y obligaciones a través de medios electrónicos o no, salvo que estén obligadas a relacionarse a través de medios electrónicos con las Administraciones Públicas.

b) Las Administraciones puedan establecer la obligación de relacionarse con ellas a través de medios electrónicos para determinados procedimientos y para ciertos colectivos de personas físicas.

c) Las personas jurídicas estén obligadas a relacionarse a través de medios electrónicos con las Administraciones Públicas para la realización de cualquier trámite de un procedimiento administrativo.

d) El medio elegido por la persona para comunicarse con las Administraciones Públicas no puede ser modificado a lo largo del procedimiento.

7. No están obligados a relacionarse a través de medios electrónicos con las Administraciones Públicas para la realización de cualquier trámite de un procedimiento administrativo:

a) Las entidades sin personalidad jurídica.

b) Todo aquel que ostente la representación de un interesado.

c) Quienes ejerzan una actividad profesional para la que se requiera colegiación obligatoria, para los trámites y actuaciones que realicen con las Administraciones Públicas en ejercicio de dicha actividad profesional.

d) Las personas jurídicas.

8. Según el artículo 15 de la LPACAP, la lengua de los procedimientos tramitados por la Administración General del Estado será:

a) Cualquiera de las lenguas oficiales existentes en España que elija el interesado.
b) La que requiera el instructor del procedimiento.
c) El castellano.
d) Dependiendo de la Comunidad Autónoma donde se instruya el procedimiento, cualquier lengua oficial en ella.

9. En las disposiciones de creación de registros electrónicos no es necesario especificar:

a) Los días declarados como inhábiles.
b) La caducidad del registro.
c) El órgano o unidad responsable de su gestión.
d) La fecha y hora oficial.

10. El proceso tecnológico que permite convertir un documento en soporte papel o en otro soporte no electrónico en un fichero electrónico que contiene la imagen codificada, fiel e íntegra del documento, se conoce en la LPACAP como:

a) Automatización.
b) Fotocopiado.
c) Autenticación.
d) Digitalización.

11. Aquellos documentos e información cuyo régimen especial establezca una forma de presentación en el registro distinta a la que se haya utilizado:

a) No se tendrán por presentados.
b) Paralizarán el procedimiento hasta que sean presentados reglamentariamente.
c) Solo producirán efectos si el instructor ve necesaria su inclusión.
d) Se tendrán por presentados pero no podrán generar derechos.

12. Según lo previsto en el artículo 18 de la Ley 19/2013, se inadmitirán a trámite, mediante resolución motivada, las solicitudes de acceso a la información:

a) Relativas a los intereses económicos y turísticos.
b) Relativas a la garantía de la confidencialidad o el secreto requerido en procesos de toma de decisión.
c) Relativas a información para cuya divulgación sea necesaria una acción previa de reelaboración.
d) Relativas a infraestructuras críticas.

13. Según el artículo 14 de la LPACAP, no están obligados a relacionarse a través de medios electrónicos con las Administraciones Públicas en un procedimiento administrativo:

a) Las entidades sin personalidad jurídica.
b) Los notarios.
c) Las personas jurídicas.
d) Los empleados de las Administraciones Públicas en toda relación con estas.

14. Señala la respuesta correcta en relación con la información sujeta a publicidad activa en los términos previstos en la Ley 19/2013, de 9 de diciembre, de transparencia, acceso a la información púbica y buen gobierno:

a) Está sometido al pago de una tasa.
b) Toda la información será de acceso gratuito.
c) Está sometido al pago de un precio público.
d) Toda la información será de acceso gratuito cuando así lo disponga la Administración Pública correspondiente.

15. Señala la respuesta correcta de conformidad con la Ley 19/2013 sobre el procedimiento de acceso a la información:

a) El solicitante no está obligado a motivar su solicitud de acceso a la información.
b) El solicitante debe motivar necesariamente su solicitud en el interés público.
c) La ausencia de motivación es, por sí sola, causa de inadmisión de la solicitud.
d) El solicitante debe motivar necesariamente su solicitud en interés general.

16. Conforme a lo establecido en la Ley 19/2013, la solicitud de acceso a la información pública:

a) Ha de estar motivada en todo caso.
b) No precisa constancia de la identidad del solicitante.
c) Puede recoger los motivos, en cuyo caso se tendrán en cuenta cuando se dicte resolución.
d) Debe contener una dirección de contacto electrónica.

17. De acuerdo con la Ley 19/2013, el plazo para resolver y notificar la resolución de una reclamación ante el Consejo de Transparencia y Buen Gobierno será:

a) Tres meses, transcurrido el cual la reclamación se entenderá desestimada.
b) Tres meses, transcurrido el cual la reclamación se entenderá estimada.
c) Un mes, transcurrido el cual la reclamación se entenderá desestimada.
d) Un mes, transcurrido el cual la reclamación se entenderá estimada.

18. De conformidad con la LPACAP, no estarán obligados a relacionarse por medios electrónicos con las Administraciones Públicas:

a) Un funcionario en los trámites y actuaciones que realiza con las Administraciones Públicas por su condición de empleado público.

b) Un empleado público que presenta alegaciones en un procedimiento sancionador que se le ha incoado por una infracción de tráfico.

c) Una sociedad limitada.

d) Un notario.

19. La red de oficinas en materia de registros, existentes a partir de la entrada en vigor de la LPACAP, pasarán a denominarse:

a) Oficinas de asistencia en materia de registros.

b) Oficinas auxiliares.

c) Oficinas secundarias.

d) Registros auxiliares públicos.

20. Señala la palabra que falta en la siguiente frase: "Según la disposición adicional 4.ª de la LPACAP, las Administraciones Públicas deberán mantener permanentemente actualizado en la correspondiente sede electrónica un .... geográfico que permita al interesado identificar la oficina de asistencia en materia de registros más próxima a su domicilio":

a) Mapa.

b) Organigrama.

c) Directorio.

d) Archivo.

En MADTEST tienes **más preguntas de este tema**, y todos tus avances quedan registrados y se reflejan en el ranking.

¡Supera tus límites con MADTEST!

Solución al test n.º 11

1. a) Punto general de acceso.

2. c) En cualquier fase del procedimiento anterior al trámite de audiencia.

3. a) Identificar a las autoridades y al personal al servicio de las Administraciones Públicas bajo cuya responsabilidad se tramiten los procedimientos.

4. a) En cualquier momento.

5. a) Obtener una copia autenticada del documento original.

6. d) El medio elegido por la persona para comunicarse con las Administraciones Públicas no puede ser modificado a lo largo del procedimiento.

7. b) Todo aquel que ostente la representación de un interesado.

8. c) El castellano.

9. b) La caducidad del registro.

10. d) Digitalización.

11. a) No se tendrán por presentados.

12. c) Relativas a información para cuya divulgación sea necesaria una acción previa de reelaboración.

13. d) Los empleados de las Administraciones Públicas en toda relación con estas.

14. b) Toda la información será de acceso gratuito.

15. a) El solicitante no está obligado a motivar su solicitud de acceso a la información.

16. c) Puede recoger los motivos, en cuyo caso se tendrán en cuenta cuando se dicte resolución.

17. a) Tres meses, transcurrido el cual la reclamación se entenderá desestimada.

18. b) Un empleado público que presenta alegaciones en un procedimiento sancionador que se le ha incoado por una infracción de tráfico.

19. a) Oficinas de asistencia en materia de registros.

20. c) Directorio.

La Administración Electrónica y sus utilidades. Funcionamiento electrónico del Sector Público. Soportes de la Administración Electrónica: la firma electrónica y el certificado digital. La Sede Electrónica en la Junta de Comunidades de Castilla-La Mancha. La Web del Sescam: tramitación electrónica. Accesos y contenidos de atención al profesional

1. Según el artículo 36.1 de la Ley 39/2015 (LPACAP), los actos administrativos se producirán por escrito a través de medios electrónicos:

a) En cualquier caso.
b) A menos que su naturaleza permita otra forma de expresión y constancia.
c) A menos que su naturaleza exija otra forma más adecuada de expresión y constancia.
d) A menos que el órgano instructor autorice otra forma más adecuada de expresión y constancia.

2. En las condiciones y con las garantías que se determinen reglamentariamente, la publicación del «Boletín Oficial del Estado» en la sede electrónica del Organismo competente tendrá carácter:

a) Voluntario y consultivo.
b) Discrecional e informativo.
c) General y sustitutorio.
d) Oficial y auténtico.

3. Con carácter previo a la elaboración de un proyecto o anteproyecto de ley o de reglamento, se sustanciará una consulta pública, a través del portal web de la Administración competente en la que se recabará la opinión de los sujetos y de las organizaciones más representativas potencialmente afectados por la futura norma. La consulta pública podrá omitirse cuando la norma:

a) Tenga un impacto significativo en la actividad económica.
b) Imponga obligaciones relevantes a los destinatarios.

c) Afecte a derechos o intereses legítimos de colectivos de personas.
d) Regule aspectos parciales de una materia.

4. Conforme al artículo 155.1 de la Ley 40/2015, de 1 de octubre, de Régimen Jurídico del Sector Público, cada Administración deberá facilitar el acceso de las restantes Administraciones Públicas a los datos relativos a los interesados que obren en su poder, especificando las condiciones, protocolos y criterios funcionales o técnicos necesarios para acceder a dichos datos con las máximas garantías de seguridad, integridad y:

a) Disponibilidad.
b) Reutilización.
c) Compatibilidad.
d) Trazabilidad.

5. Los datos en formato electrónico anejos a otros datos electrónicos o asociados de manera lógica con ellos que utiliza el firmante para firmar, constituyen, según el Reglamento (UE) 910/2014:

a) La firma electrónica.
b) El certificado electrónico.
c) El expediente electrónico.
d) El documento electrónico.

6. Los poderes que se inscriban en los registros electrónicos generales y particulares de apoderamientos tendrán una validez determinada máxima, a contar desde la fecha de inscripción, de:

a) 3 años.
b) 5 años.
c) 7 años.
d) 10 años.

7. Según el artículo 41.1 de la LRJSP, se entiende por actuación administrativa automatizada:

a) Cualquier acto o actuación realizada íntegramente a través de medios electrónicos por una Administración Pública en el marco de un procedimiento administrativo y en la que no haya intervenido de forma directa un empleado público.
b) Cualquier acto o actuación realizada al menos en parte a través de medios electrónicos por una Administración Pública en el marco de un procedimiento administrativo y en la que no haya intervenido de forma directa un empleado público.
c) Cualquier acto o actuación realizada íntegramente a través de medios electrónicos por una Administración Pública en el marco de un procedimiento administrativo y en la que haya intervenido de forma directa un empleado público.

d) Cualquier acto o actuación realizada al menos en parte a través de medios electrónicos por una Administración Pública en el marco de un procedimiento administrativo y en la que haya intervenido de forma directa un empleado público.

8. En relación con la firma electrónica del personal al servicio de las Administraciones Públicas, es cierto que:

a) En ningún caso, los sistemas de firma electrónica podrán referirse solo el número de identificación profesional del empleado público.

b) La actuación de una Administración Pública, órgano, organismo público o entidad de derecho público, cuando utilice medios electrónicos, se realizará mediante firma electrónica del titular del órgano o empleado público.

c) Cada Administración Pública determinará los sistemas de firma electrónica que debe utilizar su personal, los cuales deberán identificar de forma separada al titular del puesto de trabajo o cargo y a la Administración u órgano en la que presta sus servicios.

d) Con el fin de favorecer la interoperabilidad y posibilitar la verificación automática de la firma electrónica de los documentos electrónicos, cuando una Administración utilice sistemas de firma electrónica distintos de aquellos basados en certificado electrónico reconocido o cualificado, para remitir o poner a disposición de otros órganos, organismos públicos, entidades de Derecho Público o Administraciones la documentación firmada electrónicamente, deberá superponer un sello electrónico basado en un certificado electrónico reconocido.

9. Conforme al artículo 9.2 de la LPACAP, los interesados podrán identificarse electrónicamente ante las Administraciones Públicas a través de cualquier sistema que cuente con un registro previo como usuario que permita garantizar su:

a) Identidad.
b) Motivación.
c) Consentimiento.
d) Ubicación.

10. El Reglamento (UE) 910/2014 la define como "aquella firma electrónica que cumple con los siguientes requisitos: estar vinculada al firmante de manera única; permitir la identificación del firmante; haber sido creada utilizando datos de creación de la firma electrónica que el firmante puede utilizar, con un alto nivel de confianza, bajo su control exclusivo; estar vinculada con los datos firmados por la misma de modo tal que cualquier modificación ulterior de los mismos sea detectable":

a) Firma electrónica reconocida.
b) Firma electrónica avanzada.
c) Firma electrónica certificada.
d) Firma electrónica cualificada.

11. Una condición para que pueda realizarse válidamente la identificación o firma electrónica en el procedimiento administrativo del interesado por un funcionario público mediante el uso del sistema de firma electrónica del que esté dotado para ello, es que:

a) El interesado disponga de los medios electrónicos necesarios.

b) El interesado esté obligado a relacionarse con la Administración por medios electrónicos.

c) El interesado se identifique ante el funcionario y preste su consentimiento expreso para esta actuación.

d) El interesado sea una persona física o jurídica.

12. Procedimiento de verificación de la identidad digital de un sujeto en sus interacciones en el ámbito digital:

a) Identificación.

b) Autenticación.

c) Certificación.

d) Cualificación.

13. Cuál de los siguientes NO es un requisito de un sello cualificado de tiempo electrónico:

a) Se basa en una fuente de información temporal vinculada al Tiempo Universal Coordinado.

b) Ha sido firmado mediante el uso de una firma electrónica avanzada o sellada con un sello electrónico avanzado del prestador cualificado de servicios de confianza o por cualquier método equivalente.

c) Vinculación de la fecha y hora con los datos de forma que se elimine razonablemente la posibilidad de modificar los datos sin que se detecte.

d) Protección de los datos transmitidos frente a los riesgos de pérdida, robo, deterioro o alteración no autorizada.

14. La actuación de una Administración Pública, órgano, organismo público o entidad de derecho público, cuando utilice medios electrónicos, se realizará mediante firma electrónica del titular del órgano o empleado público a través del que se ejerza la competencia. A este respecto, es cierto que:

a) Cada Administración Pública determinará los sistemas de firma electrónica que debe utilizar su personal, los cuales habrán de identificar de forma conjunta al titular del puesto de trabajo o cargo y a la Administración u órgano en la que presta sus servicios.

b) Los sistemas de firma electrónica podrán referirse sólo el número de identificación profesional del empleado público.

c) Los certificados electrónicos de empleado público serán cualificados y se ajustarán a lo señalado en el Esquema Nacional de Interoperabilidad y la legislación vigente en materia de identidad y firma electrónica.

d) En ningún caso se podrá solicitar la revelación de la identidad del titular de un certificado de empleado público con número de identificación profesional.

15. Se define como "dirección electrónica disponible para los ciudadanos a través de redes de telecomunicaciones cuya titularidad, gestión y administración corresponde a una Administración Pública, órgano o entidad administrativa en el ejercicio de sus competencias":

a) Sede electrónica.
b) Administración electrónica.
c) Página web de una Administración Pública.
d) Estándar abierto.

16. La sede electrónica a través de la cual se facilita el acceso a los servicios y procedimientos de las distintas sedes electrónicas de la Administración Pública correspondiente, se conoce en la LPACAP como:

a) Punto general de acceso.
b) Oficina virtual de referencia.
c) Registro general electrónico.
d) Portal-sede.

17. En relación al tipo de comunicación de interesado con la Administración, no es cierto que:

a) Las personas físicas puedan elegir en todo momento si se comunican con las Administraciones Públicas para el ejercicio de sus derechos y obligaciones a través de medios electrónicos o no, salvo que estén obligadas a relacionarse a través de medios electrónicos con las Administraciones Públicas.
b) Las Administraciones puedan establecer la obligación de relacionarse con ellas a través de medios electrónicos para determinados procedimientos y para ciertos colectivos de personas físicas.
c) Las personas jurídicas estén obligadas a relacionarse a través de medios electrónicos con las Administraciones Públicas para la realización de cualquier trámite de un procedimiento administrativo.
d) El medio elegido por la persona para comunicarse con las Administraciones Públicas no puede ser modificado a lo largo del procedimiento.

18. No están obligados a relacionarse a través de medios electrónicos con las Administraciones Públicas para la realización de cualquier trámite de un procedimiento administrativo:

a) Las entidades sin personalidad jurídica.
b) Todo aquel que ostente la representación de un interesado.
c) Quienes ejerzan una actividad profesional para la que se requiera colegiación obligatoria, para los trámites y actuaciones que realicen con las Administraciones Públicas en ejercicio de dicha actividad profesional.
d) Las personas jurídicas.

19. Cuando los interesados se correspondan con colectivos de personas físicas que por razón de su capacidad económica o técnica, dedicación profesional u otros motivos acreditados tengan garantizado el acceso y disponibilidad de los medios tecnológicos precisos:

a) Estarán obligados a utilizar siempre medios electrónicos para comunicarse con la Administración.

b) Podrán elegir el medio con el que comunicarse con la Administración.

c) Las Administraciones Públicas podrán establecer reglamentariamente la obligatoriedad de comunicarse con ellas utilizando sólo medios electrónicos.

d) Tendrán las mismas obligaciones que cualquier persona física en su relación con la Administración.

20. En relación a las notificaciones, no es cierto que:

a) Deban contener el texto íntegro de la resolución.

b) Se practicarán preferentemente por medios electrónicos.

c) Las que contengan medios de pago a favor de los obligados deberán efectuarse por medios electrónicos.

d) En los procedimientos iniciados a solicitud del interesado, la notificación se practicará por el medio señalado al efecto por el interesado.

En MADTEST tienes **más preguntas de este tema**, y todos tus avances quedan registrados y se reflejan en el ranking.

¡Supera tus límites con MADTEST!

Solución al test n.º 12

1. c) A menos que su naturaleza exija otra forma más adecuada de expresión y constancia.

2. d) Oficial y auténtico.

3. d) Regule aspectos parciales de una materia.

4. a) Disponibilidad.

5. a) La firma electrónica.

6. b) 5 años.

7. a) Cualquier acto o actuación realizada íntegramente a través de medios electrónicos por una Administración Pública en el marco de un procedimiento administrativo y en la que no haya intervenido de forma directa un empleado público.

8. b) La actuación de una Administración Pública, órgano, organismo público o entidad de derecho público, cuando utilice medios electrónicos, se realizará mediante firma electrónica del titular del órgano o empleado público.

9. a) Identidad.

10. b) Firma electrónica avanzada.

11. c) El interesado se identifique ante el funcionario y preste su consentimiento expreso para esta actuación.

12. b) Autenticación.

13. d) Protección de los datos transmitidos frente a los riesgos de pérdida, robo, deterioro o alteración no autorizada.

14. c) Los certificados electrónicos de empleado público serán cualificados y se ajustarán a lo señalado en el Esquema Nacional de Interoperabilidad y la legislación vigente en materia de identidad y firma electrónica.

15. a) Sede electrónica.

16. a) Punto general de acceso.

17. d) El medio elegido por la persona para comunicarse con las Administraciones Públicas no puede ser modificado a lo largo del procedimiento.

18. b) Todo aquel que ostente la representación de un interesado.

19. c) Las Administraciones Públicas podrán establecer reglamentariamente la obligatoriedad de comunicarse con ellas utilizando sólo medios electrónicos.

20. c) Las que contengan medios de pago a favor de los obligados deberán efectuarse por medios electrónicos.

Régimen jurídico de la protección de datos de carácter personal. Disposiciones generales. Definiciones y conceptos. Principios de la protección de datos. Derechos de las personas. La Agencia Española de Protección de Datos

1. El RGPD denomina a la autoridad pública independiente establecida por un Estado miembro:

a) Agencia Nacional de Protección de Datos.
b) Representante.
c) Autoridad de control.
d) Autoridad de referencia.

2. Qué título de la LO 3/2018, de 5 de diciembre, de Protección de Datos Personales y garantía de los derechos digitales, se refiere a los principios de la protección de datos:

a) Título I.
b) Título II.
c) Título III.
d) Título IV.

3. Conforme al artículo 3 de la LO 3/2018, las personas vinculadas al fallecido por razones familiares o de hecho así como sus herederos:

a) No podrán dirigirse al responsable o encargado del tratamiento para solicitar el acceso a los datos personales de aquella, si no es por vía judicial.
b) Sólo podrán dirigirse al encargado del tratamiento, siempre que sea con objeto de rectificar datos manifiestamente falsos.
c) Podrán dirigirse al responsable o encargado del tratamiento siempre que sea con objeto de solicitar la supresión de los datos personales de aquella sin posibilidad de acceder a ellos.
d) Podrán dirigirse al responsable o encargado del tratamiento al objeto de solicitar el acceso a los datos personales de aquella y, en su caso, su rectificación o supresión.

4. El artículo 4 de la LO 3/2018 señala que, conforme al artículo 5.1.d) del Reglamento (UE) 2016/679, los datos serán exactos y, si fuere necesario:

a) Actualizados.
b) Aproximados.
c) Normalizados.
d) Digitalizados.

5. Conforme al artículo 5.1 de la LO 3/2018, estarán sujetas al deber de confidencialidad:

a) Únicamente los responsables del tratamiento.
b) Los responsables y encargados del tratamiento.
c) Los responsables y encargados del tratamiento de datos así como todas las personas que intervengan en cualquier fase de este.
d) Los responsables y encargados del tratamiento de datos así como todas las personas que intervengan en todas las fases de este.

6. Conforme a los artículos 4.11 del RGPD y 6.1 de la LO 3/2018, se entiende por consentimiento del afectado la aceptación, ya sea mediante una declaración o una clara acción afirmativa, del tratamiento de datos personales que le conciernen manifestada por voluntad libre, de forma específica, informada e/y:

a) Detallada.
b) Unitaria.
c) Inequívoca.
d) Por escrito.

7. Los datos personales serán tratados de tal manera que se garantice una seguridad adecuada de los mismos, incluida la protección contra el tratamiento no autorizado o ilícito y contra su pérdida, destrucción o daño accidental, mediante la aplicación de medidas técnicas u organizativas apropiadas; todo ello en virtud del principio de:

a) Responsabilidad proactiva.
b) Integridad y confidencialidad.
c) Limitación de la finalidad.
d) Licitud, lealtad y transparencia.

8. Según el artículo 8.1 de la LO 3/2018, el tratamiento de datos personales solo podrá considerarse fundado en el cumplimiento de una obligación legal exigible al responsable:

a) Cuando así lo prevea una norma de Derecho de la Unión Europea o una norma con rango de ley.
b) Cuando el tratamiento se considere una misión realizada en interés público.

c) Cuando se trate del ejercicio de poderes públicos conferidos al responsable.

d) Cuando el responsable sea un órgano u organismo público.

9. Conforme al artículo 9 de la LO 3/2018, de 5 de diciembre, de Protección de Datos Personales y garantía de los derechos digitales, cuál de los siguientes tratamientos de categorías especiales de datos fundados en el Derecho español deberá estar amparado en una norma con rango de ley:

a) El interesado dio su consentimiento explícito para el tratamiento de dichos datos personales con uno o más de los fines especificados.

b) El tratamiento es necesario para el cumplimiento de obligaciones y el ejercicio de derechos específicos del responsable del tratamiento o del interesado en el ámbito del Derecho laboral y de la seguridad y protección social.

c) El tratamiento es necesario para proteger intereses vitales del interesado o de otra persona física, en el supuesto de que el interesado no esté capacitado, física o jurídicamente, para dar su consentimiento.

d) El tratamiento es necesario por razones de interés público en el ámbito de la salud pública, como la protección frente a amenazas transfronterizas graves para la salud, o para garantizar elevados niveles de calidad y de seguridad de la asistencia sanitaria y de los medicamentos o productos sanitarios.

10. Uno de los objetos de la Ley Orgánica 3/2018, de 5 de diciembre, de Protección de Datos Personales y garantía de los derechos digitales, es:

a) Adaptar el ordenamiento jurídico español al Reglamento General de Protección de Datos y completar sus disposiciones.

b) Establecer las normas relativas a la protección de las personas físicas en lo que respecta al tratamiento de los datos personales y las normas relativas a la libre circulación de tales datos.

c) Adaptar el Reglamento General de Protección de Datos al ordenamiento jurídico español y completar sus disposiciones.

d) Garantizar la seguridad de la transferencia de datos entre países de la Unión Europea.

11. La LO 3/2018, de 5 de diciembre, de Protección de Datos Personales y garantía de los derechos digitales, tiene por objeto garantizar los derechos digitales de la ciudadanía conforme al mandato del artículo de la Constitución:

a) 9.2.

b) 10.1.

c) 18.4.

d) 20.4.

12. Señalar la opción incorrecta. Conforme al artículo 11.3 de la LO 3/2018, la información básica que el responsable del tratamiento ha de facilitar al afectado, cuando los datos personales se hayan obtenido de éste, debe contener obligatoriamente:

a) La finalidad del tratamiento.
b) La identidad del responsable del tratamiento y de su representante, en su caso.
c) La posibilidad de ejercer los derechos establecidos en los artículos 15 a 22 del RGPD.
d) Las categorías de datos objeto de tratamiento.

13. Según el artículo 7.1 de la LO 3/2018, el tratamiento de los datos personales de un menor de edad únicamente podrá fundarse en su consentimiento cuando sea mayor de:

a) 12 años.
b) 13 años.
c) 14 años.
d) 16 años.

14. En virtud del derecho de acceso al que se refiere el artículo 15 del Reglamento (UE) 2016/679, del Parlamento Europeo y del Consejo, de 27 de abril, relativo a la protección de las personas físicas en lo que respecta al tratamiento de datos personales y a la libre circulación de estos datos y por el que se deroga la Directiva 95/46/CE:

a) El interesado tendrá derecho a conocer si sus datos de carácter personal están siendo tratados, qué datos son objeto de dicho tratamiento, la finalidad del mismo, el origen de los citados datos y si se han comunicado o se van a comunicar a un tercero.
b) El interesado, previo pago de un canon, tendrá derecho a obtener información sobre sus datos de carácter personal sometidos a tratamiento.
c) El interesado tiene derecho a conocer el nombre y apellidos de las personas que han accedido a sus datos.
d) El interesado tendrá derecho a obtener información de sus datos de carácter personal sometidos a tratamiento, pero no de las comunicaciones que se prevean hacer de ellos.

15. Conforme al RGPD ¿puede facilitarse la información al interesado de forma verbal?

a) No, en ningún caso.
b) Sí, siempre que lo solicite el interesado.
c) Sí, en cualquier caso siempre que se demuestre la identidad del interesado por otros medios.
d) Sí, cuando lo solicite el interesado y se pueda demostrar su identidad por otros medios.

16. Conforme al artículo 12 de la LO 3/2018, los derechos reconocidos en los artículos 15 a 22 del RGPD:

a) Sólo podrán ser ejercidos directamente por el afectado.

b) Deberán ejercerse bien directamente por el afectado o por representante legal.

c) Deberán ejercerse bien directamente por el afectado o por representante voluntario.

d) Podrán ejercerse directamente o por medio de representante legal o voluntario.

17. Según el artículo 12.4 de la LO 3/2018, la prueba del cumplimiento del deber de responder a la solicitud de ejercicio de sus derechos formulado por el afectado recaerá:

a) Sobre el responsable del tratamiento.

b) Sobre el encargado del tratamiento.

c) Bien sobre el responsable o bien sobre el encargado.

d) Sobre el representante legal del afectado.

18. En virtud del artículo 12 de la LO 3/2018 es cierto, en relación a los medios para que el afectado pueda ejercer sus derechos, que:

a) El encargado del tratamiento estará obligado a informar al afectado sobre los medios a su disposición para ejercer los derechos que le corresponden.

b) Los medios deberán ser consensuados con los afectados antes de poner en marcha el tratamiento.

c) Los medios deberán ser fácilmente accesibles para el afectado.

d) El ejercicio del derecho podrá ser denegado cuando el afectado opte por otro medio.

19. Conforme al artículo 17 del RGPD, el derecho de supresión no se podrá aplicar cuando:

a) El interesado retire el consentimiento en que se basa el tratamiento, y este no se base en otro fundamento jurídico.

b) El tratamiento sea necesario para la formulación, el ejercicio o la defensa de reclamaciones.

c) El interesado se oponga al tratamiento y no prevalezcan otros motivos legítimos para el tratamiento.

d) El interesado se oponga al tratamiento cuando el tratamiento de datos personales tenga por objeto la mercadotecnia directa.

20. Cuando las solicitudes de ejercicio de los derechos de un interesado en un tratamiento de datos de carácter personal sean manifiestamente infundadas o excesivas, especialmente debido a su carácter repetitivo, el responsable del tratamiento podrá cobrar un canon razonable en función de los costes administrativos afrontados para facilitar la información o la comunicación o realizar la actuación solicitada. A menos que exista causa legítima para ello, se podrá considerar repetitivo el ejercicio del derecho de acceso en más de una ocasión durante el plazo de (a partir de):

a) 3 meses.
b) 6 meses.
c) 10 meses.
d) 1 año.

Solución al test n.º 13

1. c) Autoridad de control.

2. b) Título II.

3. d) Podrán dirigirse al responsable o encargado del tratamiento al objeto de solicitar el acceso a los datos personales de aquella y, en su caso, su rectificación o supresión.

4. a) Actualizados.

5. c) Los responsables y encargados del tratamiento de datos así como todas las personas que intervengan en cualquier fase de este.

6. c) Inequívoca.

7. b) Integridad y confidencialidad.

8. a) Cuando así lo prevea una norma de Derecho de la Unión Europea o una norma con rango de ley.

9. d) El tratamiento es necesario por razones de interés público en el ámbito de la salud pública, como la protección frente a amenazas transfronterizas graves para la salud, o para garantizar elevados niveles de calidad y de seguridad de la asistencia sanitaria y de los medicamentos o productos sanitarios.

10. a) Adaptar el ordenamiento jurídico español al Reglamento General de Protección de Datos y completar sus disposiciones.

11. c) 18.4.

12. d) Las categorías de datos objeto de tratamiento.

13. c) 14 años.

14. a) El interesado tendrá derecho a conocer si sus datos de carácter personal están siendo tratados, qué datos son objeto de dicho tratamiento, la finalidad del mismo, el origen de los citados datos y si se han comunicado o se van a comunicar a un tercero.

15. d) Sí, cuando lo solicite el interesado y se pueda demostrar su identidad por otros medios.

16. d) Podrán ejercerse directamente o por medio de representante legal o voluntario.

17. a) Sobre el responsable del tratamiento.

18. c) Los medios deberán ser fácilmente accesibles para el afectado.

19. b) El tratamiento sea necesario para la formulación, el ejercicio o la defensa de reclamaciones.

20. b) 6 meses.

**Estatuto Marco del Personal Estatutario de los Servicios de Salud (I):
Normas generales. Clasificación del personal estatutario. Planificación
y ordenación del personal. Derechos y deberes. Adquisición y pérdida
de la condición de personal estatutario fijo**

**1. El Estatuto Marco del Personal Estatutario de los Servicios de Salud está
regulado por:**

a) Una Ley orgánica.
b) Una Ley ordinaria.
c) Un Real Decreto.
d) Un Reglamento.

**2. La Ley 55/2003 del Estatuto Marco de Personal Estatutario de los Servicios de
Salud es aplicable:**

a) Al personal estatutario de los servicios de salud.
b) Al personal sanitario excluyendo al personal de gestión y servicios.
c) Al personal funcionario de las Comunidades Autónomas.
d) Al personal funcionario del Estado.

**3. Conforme a lo dispuesto en el artículo 2.2 de la Ley 55/2003, de 16 de diciem-
bre, del Estatuto Marco del personal estatutario de los servicios de salud, en lo no
previsto en la misma serán aplicables al personal estatutario:**

a) Las disposiciones y principios generales sobre función pública de la Administración
correspondiente.
b) Las disposiciones de derecho laboral, dictadas al amparo del artículo 149.1.7º de la
Constitución.
c) Las disposiciones sobre función pública de la Administración del Estado, en todo
caso, conforme a lo dispuesto en el artículo 149.3 de la Constitución.
d) El convenio colectivo del personal laboral al servicio de la Administración correspondiente.

4. La Ley 55/2003 del Estatuto Marco de Personal Estatutario de los Servicios de Salud es de aplicación:

a) Al personal estatutario que integra las profesiones sanitarias.

b) Al personal estatutario que desempeña su función en los centros e instituciones sanitarias de los servicios de salud.

c) Al personal funcionario de los servicios de salud de las Comunidades Autónomas.

d) Al personal sanitario, excluyendo el personal de gestión y servicios.

5. El Estatuto Marco del personal estatutario considera a este personal como titular de una relación:

a) Funcionarial común.

b) Laboral común.

c) Estatutaria de la Seguridad Social.

d) Funcionarial especial.

6. El Estatuto Marco clasifica al personal estatutario de los servicios de salud, atendiendo a la función desarrollada, al nivel del título exigido para el ingreso y al tipo de su nombramiento en:

a) Personal estatutario sanitario y personal estatutario de gestión y servicios.

b) Personal estatutario facultativo, personal estatutario sanitario y personal no sanitario.

c) Personal estatutario de gestión y servicios y personal estatutario facultativo.

d) Todas las respuestas son correctas.

7. El personal estatutario con nombramiento expedido para el ejercicio de una profesión o especialidad sanitaria se denomina:

a) Personal sanitario.

b) Otro personal.

c) Personal de mantenimiento.

d) Personal de gestión y servicios.

8. El personal estatutario con nombramiento expedido para el desempeño de funciones de gestión o para el desempeño de profesiones u oficios que no tengan carácter sanitario se denomina:

a) Personal universitario.

b) Personal de gestión y servicios.

c) Personal directivo.

d) Personal administrativo.

9. Según establece el art. 8 de la Ley 55/2003, de 16 de diciembre, del Estatuto Marco de los Servicios de Salud, es personal estatutario fijo:

a) El que, una vez superado el correspondiente proceso selectivo, obtiene un nombramiento para el desempeño, con carácter permanente, de las funciones que de tal nombramiento se deriven.

b) Todo el personal al servicio de los Servicios de Salud.

c) El personal que realice una prestación de servicios determinados de naturaleza temporal, coyuntural o extraordinaria.

d) El personal en posesión de un contrato laboral indefinido.

10. Conforme al artículo 9.1 del Estatuto Marco (*en redacción dada por el Real Decreto-ley 12/2022, de 5 de julio, por el que se modifica la Ley 55/2003, de 16 de diciembre, del Estatuto Marco del personal estatutario de los servicios de salud*) los nombramientos del Personal Estatutario Temporal de los Servicios de Salud serán:

a) Únicamente de Personal Estatutario Sanitario.

b) Personal Estatutario Contratado.

c) De interinidad.

d) Como Personal Laboral.

11. Conforme al artículo 6.2 de la Ley 55/2003, de 16 de diciembre, del Estatuto Marco del personal estatutario de los servicios de salud, atendiendo al nivel académico del título exigido para el ingreso, el personal estatutario sanitario de formación profesional se divide en:

a) Técnicos sanitarios y Auxiliares de Enfermería.

b) Técnicos superiores y Técnicos.

c) Técnicos superiores y Técnicos de gestión.

d) Técnicos especialistas y Técnicos.

12. La categoría profesional de Celador está comprendida dentro del grupo de:

a) Personal de gestión y servicios.

b) Personal no estatutario.

c) Personal estatutario sanitario.

d) Personal estatutario de formación profesional.

13. Es personal Estatutario Sanitario:

a) El que ejerce una profesión o especialidad sanitaria.

b) El que ostenta esta condición en virtud de nombramiento expedido para el ejercicio de una profesión o especialización sanitaria.

c) El que desempeña una categoría clasificada como sanitaria.
d) Quien ejerza una profesión sanitaria sin ostentar la condición de funcionario.

14. El personal Estatutario de Gestión y Servicio se clasifica en función del título exigido para el ingreso en:

a) Personal de formación universitaria, personal de formación profesional y otro personal.
b) Personal universitario, personal de formación profesional y personal subalterno.
c) Personal licenciado universitario, personal de administración y personal auxiliar.
d) Ninguna es correcta.

15. En el supuesto de existencia de plaza vacante, son estatutarios interinos los que, por razones expresamente justificadas de necesidad y urgencia, son nombrados como tales con carácter temporal para el desempeño de funciones propias de estatutarios, cuando no sea posible su cobertura por personal estatutario fijo, durante un plazo máximo de:

a) Dos años.
b) Tres años.
c) Cuatros años.
d) Seis años.

16. El incumplimiento del plazo máximo de permanencia dará lugar a una compensación económica para el personal estatutario temporal afectado, que será equivalente a:

a) Veinte días de sus retribuciones fijas por año de servicio.
b) Veinte días de su sueldo, más trienios y complemento de destino por año de servicio.
c) Veinte días de todas sus retribuciones por año de servicio.
d) Veinte días de su sueldo por año de servicio.

17. El objetivo de constituir un ámbito de diálogo e información de carácter laboral, así como de promover el desarrollo armónico de los recursos humanos del Sistema Nacional de Salud, se articula a través de:

a) El Consejo Interterritorial del Sistema Nacional de Salud.
b) La Comisión de Recursos Humanos del Sistema Nacional de Salud.
c) La Consejería de Salud de la correspondiente Comunidad Autónoma.
d) El Foro Marco para el Diálogo Social.

18. No constituye un derecho individual del personal estatutario:

a) La estabilidad en el empleo.
b) La movilidad voluntaria.
c) El descanso necesario.
d) La negociación colectiva.

19. El régimen de derechos del personal estatutario será aplicable al personal temporal:

a) En la medida en que la naturaleza del derecho lo permita.
b) En todo caso.
c) En ningún caso.
d) Solo cuando así se establezca en su nombramiento.

20. En relación con los derechos y deberes regulados en el Estatuto Marco, no se considera un derecho colectivo:

a) La huelga.
b) La actividad sindical.
c) La reunión.
d) La estabilidad en el empleo.

En MADTEST tienes **más preguntas de este tema**, y todos tus avances quedan registrados y se reflejan en el ranking.

¡Supera tus límites con MADTEST!

Solución al test n.º 14

1. b) Una Ley ordinaria.

2. a) Al personal estatutario de los servicios de salud.

3. a) Las disposiciones y principios generales sobre función pública de la Administración correspondiente.

4. b) Al personal estatutario que desempeña su función en los centros e instituciones sanitarias de los servicios de salud.

5. d) Funcionarial especial.

6. a) Personal estatutario sanitario y personal estatutario de gestión y servicios.

7. a) Personal sanitario.

8. b) Personal de gestión y servicios.

9. a) El que, una vez superado el correspondiente proceso selectivo, obtiene un nombramiento para el desempeño, con carácter permanente, de las funciones que de tal nombramiento se deriven.

10. c) De interinidad.

11. b) Técnicos superiores y Técnicos.

12. a) Personal de gestión y servicios.

13. b) El que ostenta esta condición en virtud de nombramiento expedido para el ejercicio de una profesión o especialización sanitaria.

14. a) Personal de formación universitaria, personal de formación personal y otro personal.

15. b) Tres años.

16. a) Veinte días de sus retribuciones fijas por año de servicio.

17. d) El Foro Marco para el Diálogo Social.

18. d) La negociación colectiva.

19. a) En la medida en que la naturaleza del derecho lo permita.

20. d) La estabilidad en el empleo.

TEST N.º 15

Estatuto Marco del Personal Estatutario de los Servicios de Salud (II): Provisión de plazas, selección y promoción interna. La selección de personal temporal en el Sescam. Movilidad del personal. Carrera profesional. Retribuciones. Jornada de trabajo, permisos y licencias. Situaciones del personal estatutario. Régimen disciplinario. Incompatibilidades. Representación, participación y negociación colectiva

1. No es un principio básico de la provisión de plazas del personal estatutario:

a) Igualdad, mérito, capacidad y publicidad en la selección, promoción y movilidad del personal de los servicios de salud.

b) Movilidad del personal en el conjunto de las Administraciones Públicas.

c) Coordinación, cooperación y mutua información entre las Administraciones sanitarias públicas.

d) Integración en el régimen organizativo y funcional del servicio de salud y de sus instituciones y centros.

2. La provisión de plazas de personal estatutario se realizará:

a) Por los sistemas de selección de personal, de promoción interna y de movilidad.

b) Por los sistemas de selección de personal y movilidad.

c) Por los sistemas de selección y provisión de puestos.

d) Por los sistemas de selección de personal, de promoción interna y de movilidad, así como por reingreso al servicio activo en los supuestos y mediante el procedimiento que en cada servicio de salud se establezcan.

3. Para el ingreso en el subgrupo C1 de las categorías de personal estatutario, se exige la titulación:

a) De graduado en educación secundaria obligatoria.

b) De bachiller o técnico.

c) De técnico superior.

d) De certificado de escolaridad.

4. La selección del personal estatutario se efectuará mediante procedimientos que garanticen:

a) Los principios de igualdad y mérito.
b) Los principios de igualdad, mérito y celeridad.
c) Los principios de igualdad, mérito, celeridad y competencia.
d) Los principios de igualdad, mérito, capacidad y competencia.

5. La selección del personal estatutario se efectuará con carácter general a través del sistema:

a) De oposición.
b) De concurso-oposición.
c) De concurso de méritos.
d) De libre designación.

6. Los miembros de los órganos de selección deberán:

a) Ostentar la condición de personal estatutario fijo.
b) Ostentar la condición de personal estatutario o laboral.
c) Ostentar la condición de funcionario de carrera o estatutario fijo de las Administraciones Públicas o laboral de los centros vinculados al Sistema Nacional de Salud.
d) Ostentar la condición de personal funcionario, estatutario o laboral del Sistema Nacional de Salud.

7. La selección del personal estatutario temporal se efectuará a través de:

a) Los mismos procedimientos que el personal fijo.
b) Procedimientos que permitan la máxima agilidad en la selección.
c) Procedimientos que permitan la máxima objetividad en la selección.
d) Procedimientos que permitan la máxima celeridad y seguridad.

8. El período de prueba del personal estatutario temporal, en el caso de que tuvieran formación universitaria, no podrá ser superior, en tiempo de trabajo efectivo, a:

a) Tres meses.
b) Dos meses.
c) Cuatro meses.
d) Un mes.

9. Los aspirantes seleccionados en la oposición, concurso o concurso-oposición deberán superar un período formativo, o de prácticas:

a) En todo caso.
b) Si así se establece en la convocatoria, y como parte del proceso selectivo.

c) Si así se establece en la convocatoria pero sin formar parte del proceso selectivo.

d) Si así lo estima el Tribunal de Selección.

10. Para poder acceder, mediante promoción interna y dentro de su servicio de salud de destino, a nombramientos correspondientes a otra categoría, será exigible siempre:

a) Ser personal estatutario fijo.

b) Haber prestado servicios durante cinco años en la categoría de origen.

c) Ambas son correctas.

d) Ninguna de las respuestas anteriores son correctas.

11. La ley 55/2003 estructura el sistema retributivo del personal estatutario en:

a) Retribuciones básicas, complementarias y productividad.

b) Retribuciones básicas, complementarias y específicas.

c) Retribuciones básicas, complementarias y pagas extra.

d) Retribuciones básicas y complementarias.

12. Conforme al Estatuto Marco del Personal Estatutario, las retribuciones básicas son:

a) El sueldo, los trienios y las pagas extraordinarias.

b) El salario base, los trienios y las pagas extras.

c) El sueldo, los quinquenios y las pagas extraordinarias.

d) Ninguna es correcta.

13. No es una retribución complementaria:

a) El complemento de destino.

b) El complemento específico.

c) El complemento de productividad.

d) El complemento de antigüedad.

14. El complemento de productividad:

a) Remunera al personal para atender a los usuarios de los servicios sanitarios de manera permanente.

b) Retribuye las condiciones particulares de algunos puestos en atención a su especial dificultad técnica, dedicación, responsabilidad, incompatibilidad, peligrosidad o penosidad.

c) Es el correspondiente al puesto que desempeñe.

d) Retribuye al especial rendimiento, interés o la iniciativa del titular del puesto.

15. El complemento específico:

a) Remunera al personal para atender a los usuarios de los servicios sanitarios de manera permanente.

b) Retribuye las condiciones particulares de algunos puestos en atención a su especial dificultad técnica, dedicación, responsabilidad, incompatibilidad, peligrosidad o penosidad.

c) Es el correspondiente al nivel del puesto que se desempeñe.

d) Retribuye el especial rendimiento, interés o la iniciativa del titular del puesto.

16. Según el Estatuto Marco, siempre que la duración de la jornada exceda de seis horas continuadas, deberá establecerse un periodo de descanso durante la misma de al menos:

a) 10 minutos.

b) 15 minutos.

c) 20 minutos.

d) 30 minutos.

17. La jornada realizada por el personal estatutario fuera de la jornada ordinaria de trabajo con el fin de garantizar la adecuada atención permanente al usuario de los centros sanitarios, se denomina:

a) Jornada extraordinaria.

b) Jornada complementaria.

c) Jornada partida.

d) Jornada de servicios localizados.

18. Las Comunidades Autónomas, en el ámbito de sus competencias, determinarán la limitación máxima de la jornada a tiempo parcial respecto a la jornada completa, con el límite máximo del:

a) El 80 % de la jornada ordinaria, en cómputo anual, o del que proporcionalmente corresponda si se trata de nombramiento temporal de menor duración.

b) El 75 % de la jornada ordinaria, en cómputo anual, o del que proporcionalmente corresponda si se trata de nombramiento temporal de menor duración.

c) El 70 % de la jornada ordinaria, en cómputo anual, o del que proporcionalmente corresponda si se trata de nombramiento temporal de menor duración.

d) El 50 % de la jornada ordinaria, en cómputo anual, o del que proporcionalmente corresponda si se trata de nombramiento temporal de menor duración.

19. El Estatuto Marco del personal estatutario regula las vacaciones anuales respecto de su duración en términos de:

a) Un mes.

b) Treinta días naturales.

c) No inferior a treinta días naturales.
d) El mes natural en que se disfrute.

20. Según el Estatuto Marco del personal estatutario, la situación de excedencia voluntaria por interés particular obliga a un periodo mínimo de permanencia en ella de:

a) Un año.
b) Dos años.
c) Doce meses.
d) No establece periodo mínimo.

En MADTEST tienes **más preguntas de este tema**, y todos tus avances quedan registrados y se reflejan en el ranking.

¡Supera tus límites con MADTEST!

Solución al test n.º 15

1. b) Movilidad del personal en el conjunto de las Administraciones Públicas.

2. d) Por los sistemas de selección de personal, de promoción interna y de movilidad, así como por reingreso al servicio activo en los supuestos y mediante el procedimiento que en cada servicio de salud se establezcan.

3. b) De bachiller o técnico.

4. d) Los principios de igualdad, mérito, capacidad y competencia.

5. b) De concurso-oposición.

6. c) Ostentar la condición de funcionario de carrera o estatutario fijo de las Administraciones Públicas o laboral de los centros vinculados al Sistema Nacional de Salud.

7. b) Procedimientos que permitan la máxima agilidad en la selección.

8. a) Tres meses.

9. b) Si así se establece en la convocatoria, y como parte del proceso selectivo.

10. a) Ser personal estatutario fijo.

11. d) Retribuciones básicas y complementarias.

12. a) El sueldo, los trienios y las pagas extraordinarias.

13. d) El complemento de antigüedad.

14. d) Retribuye al especial rendimiento, interés o la iniciativa del titular del puesto.

15. b) Retribuye las condiciones particulares de algunos puestos en atención a su especial dificultad técnica, dedicación, responsabilidad, incompatibilidad, peligrosidad o penosidad.

16. b) 15 minutos.

17. b) Jornada complementaria.

18. b) El 75 % de la jornada ordinaria, en cómputo anual, o del que proporcionalmente corresponda si se trata de nombramiento temporal de menor duración.

19. c) No inferior a treinta días naturales.

20. b) Dos años.

TEST N.º 16

Informática Básica: conceptos fundamentales sobre el software. Sistema operativo Windows 10: Fundamentos. Trabajo en entorno gráfico de Windows 10: ventanas, iconos, menús contextuales, cuadros de diálogo, ayuda sensible al contexto. El escritorio y sus elementos. El menú de inicio. El explorador de Windows 10. Gestión de carpetas y archivos. Operaciones de búsqueda. Mi PC. Accesorios. Herramientas del Sistema

1. Indica cuál de los siguientes elementos se considera Hardware Básico:

a) CPU.
b) Tarjeta Wifi.
c) DVD.
d) Ninguna de las anteriores.

2. ¿Cuál de los siguientes elementos se puede considerar como Dispositivo de Entrada/Salida bidireccional?

a) Monitor.
b) Tarjeta de red.
c) Teclado.
d) Impresora.

3. Completar la frase. Los datos ………….. se obtienen del procesador, tras el procesamiento de los datos de entrada:

a) Salida.
b) Finales.
c) Intermedios.
d) Interiores.

4. El principio en relación a los datos e información en un sistema que indica que todos los datos necesarios para generar la información estén disponibles se denomina:

a) Integridad.
b) Encriptación.
c) Unidad.
d) Ninguna de las anteriores.

5. El CD óptico tiene una capacidad de almacenamiento aproximada de:

a) 4 GB.
b) 1 TB.
c) 4.7 GB.
d) 700 MB.

6. La diferencia fundamental entre un disco duro tradicional y un SSD estriba en que:

a) El SSD es más rápido.
b) El SSD no dispone de cabezales.
c) El disco duro dispone de mayor capacidad de almacenamiento en relación al coste del dispositivo.
d) Todas son correctas.

7. ¿El formato de archivos ext2 es típico de que Sistema Operativo?

a) Windows.
b) Linux.
c) Mac.
d) Ninguna es correcta.

8. ¿Qué unidad de almacenamiento de datos es mayor?

a) TeraByte.
b) KiloByte.
c) MegaByte.
d) GigaByte.

9. ¿Cuál de los siguientes elementos NO es un periférico?

a) Teclado.
b) Ratón.
c) Monitor.
d) Memoria RAM.

10. El tipo de ordenador específicamente diseñado para funcionar 24 horas durante los 7 días de la semana se denomina:

a) Portátil.
b) Servidor.
c) PC.
d) Ninguna de las anteriores.

11. La tecnología de CPU consistente en usar instrucciones simples se denomina:

a) RISC.
b) CISC.
c) DISK.
d) TISK.

12. ¿Qué tipo de memoria se utiliza para albergar la BIOS de un ordenador?

a) RAM.
b) SSD.
c) ROM.
d) Flash.

13. Si la imagen de un monitor muestra colores muy difusos es posible que el problema que tenga es que:

a) Esté imantado.
b) La frecuencia de refresco no es correcta.
c) La resolución no es adecuada.
d) Ninguna de las anteriores.

14. Un signo de que el idioma seleccionado en Windows no es castellano puede ser:

a) Mala resolución de la imagen.
b) Parpadeo de la pantalla.
c) Los caracteres de las teclas no coinciden con el que indican.
d) Ninguna de las anteriores.

15. Los controladores de los dispositivos están englobados dentro de ¿Qué tipo de software?

a) De aplicación.
b) De Sistema.
c) De Programación.
d) Ninguna de las anteriores.

16. ¿A qué nos podemos referir al usar las palabras booleano, carácter, entero, natural...?

a) Dispositivos.
b) Tipos de datos.
c) Virus.
d) Programas.

17. ¿Cuál o cuáles son las tareas que le corresponden a un administrador de sistemas?

a) Crear usuarios.
b) Crear permisos.
c) Asignar permisos a los usuarios.
d) Todas las anteriores son correctas.

18. A la realización de copias de seguridad periódicas de los datos importantes se le denomina:

a) Volcado.
b) Gestión de datos.
c) BackUp.
d) Programación.

19. La unidad mínima de información en informática se denomina:

a) Byte.
b) Nibble.
c) KiloByte.
d) Bit.

20. Los ordenadores más apropiados para el tratamiento de imágenes debido a sus especificaciones son:

a) MAC.
b) Servidores.
c) Portátiles.
d) Ninguno es correcto.

En MADTEST tienes **más preguntas de este tema**, y todos tus avances quedan registrados y se reflejan en el ranking.

¡Supera tus límites con MADTEST!

Solución al test n.º 16

1. a) CPU.

2. b) Tarjeta de red.

3. c) Intermedios.

4. a) Integridad.

5. d) 700 MB.

6. d) Todas son correctas.

7. b) Linux.

8. a) TeraByte.

9. d) Memoria RAM.

10. b) Servidor.

11. a) RISC.

12. c) ROM.

13. a) Esté imantado.

14. c) Los caracteres de las teclas no coinciden con el que indican.

15. b) De Sistema.

16. b) Tipos de datos.

17. d) Todas las anteriores son correctas.

18. c) BackUp.

19. d) Bit.

20. a) MAC.

TEST N.º 17-18-19

Procesadores de textos. Microsoft 365 - Word: El entorno de trabajo. Creación y estructuración del documento. Herramientas de escritura. Impresión del documento. Gestión del archivo

Procesadores de textos. Microsoft 365 - Word: Composición del documento. Integración de los distintos elementos. Combinar correspondencia. Listas y esquemas. Inserción de elementos gráficos en el documento

Procesadores de textos. Microsoft 365 - Word: Personalización del entorno de trabajo. Opciones de configuración. Menús y sus funciones

1. Vamos a compartir un documento de Word 365, pero antes queremos comprobar qué información personal contiene. ¿Qué opción utilizaremos?

a) Preparar para compartir.
b) Comprobar accesibilidad.
c) Comprobar compatibilidad.
d) Permisos.

2. En Word 365, ¿cuál de los siguientes formatos de papel tiene mayor tamaño?

a) Oficio.
b) A4.
c) Carta.
d) A3.

3. El panel de navegación en Word 365 presenta tres pestañas diferentes. ¿Cuáles son las correctas?

a) Páginas - Miniaturas - Títulos.
b) Miniaturas - Resultados - Marcadores.

c) Marcadores - Miniaturas - Resultados.
d) Títulos - Páginas - Resultados.

4. ¿Cuál de las siguientes pestañas de la cinta de opciones de Word 365 no está visible por defecto y es necesario habilitar?

a) Correspondencia.
b) Desarrollador.
c) Disposición.
d) Programador.

5. Al seleccionar destinatarios de una combinación de correspondencia en Word 365, ¿cuál de las siguientes opciones no está disponible?

a) Escribir una nueva lista.
b) Usar una lista existente.
c) Elegir de los contactos de Excel.
d) Elegir de los contactos de Outlook.

6. Vamos a inspeccionar un documento Word 365 antes de publicarlo. Para ello utilizamos Comprobar si hay problemas dentro del menú Archivo. Al hacer clic, nos ofrece tres opciones. ¿Cuál de las siguientes no es una de las opciones ofrecidas?

a) Restringir edición.
b) Inspeccionar documento.
c) Comprobar accesibilidad.
d) Comprobar compatibilidad.

7. En la cinta de Opciones de Word 365, pestaña Correspondencia, grupo Iniciar combinación de correspondencia, ¿qué opción no aparece al hacer clic en Seleccionar destinatarios?

a) Escribir una nueva lista.
b) Conectar con Access.
c) Usar una lista existente.
d) Elegir de los contactos de Outlook.

8. La opción Columnas de Word 365 permite seleccionar el número de columnas en que dispondremos el texto. ¿En cuál de las siguientes pestañas de la cinta de opciones de Word 365 se encuentra de forma predeterminada?

a) Insertar.
b) Vista.
c) Correspondencia.
d) Disposición.

9. Al crear un documento nuevo en blanco en Word 365, ¿cuáles son los márgenes predeterminados que aplica el procesador de texto?

a) Superior 2,5 cm; Inferior 3 cm; Izquierdo 2,5 cm; Derecho 3 cm.
b) Superior 2,5 cm; Inferior 2,5 cm; Izquierdo 3 cm; Derecho 3 cm.
c) Superior 3 cm; Inferior 3 cm; Izquierdo 2,5 cm; Derecho 2,5 cm.
d) Superior 2,5 cm; Inferior 2,5 cm; Izquierdo 2,5 cm; Derecho 2,5 cm.

10. Observa la siguiente imagen:

Muestra la parte izquierda y derecha de la regla horizontal de un supuesto párrafo en un documento de Word 365. Considerando un margen izquierdo y derecho de 2 cm en el documento tamaño A4, indica cuál de las siguientes descripciones corresponde al párrafo que refleja la regla:

a) Sangría izquierda 1,75 cm; Sangría derecha 1 cm; Sangría primera línea en 0,5 cm.
b) Sangría izquierda 1,75 cm; Sangría derecha 16 cm; Sangría primera línea en 0,5 cm.
c) Sangría izquierda 0,5 cm; Sangría derecha 1 cm; Sangría primera línea en 1, 75 cm.
d) Sangría izquierda 0,5 cm; Sangría derecha 1 cm; Sangría francesa en 1,25 cm.

11. En Word 365, de forma predeterminada, indique cuáles son las vistas disponibles en el grupo Vistas de la pestaña Vista:

a) Modo lectura; Diseño de impresión; Esquema; Borrador; Zoom.
b) Modo lectura; Diseño de impresión; Diseño web; Varias páginas; Esquema; Borrador.
c) Modo lectura; Diseño de impresión; Diseño web; Esquema; Borrador.
d) Modo lectura; Diseño de impresión; Diseño web; Tabla de contenido; Esquema; Borrador.

12. En Word 365, ¿podemos evitar que un texto seleccionado se sustituya al comenzar la escritura?

a) Eso no sucede en Word 365. Al escribir cuando hay un texto seleccionado, éste no se sustituye.
b) Es una funcionalidad que no depende de Word, sino del sistema operativo, dado que sucede en cualquier editor de textos.
c) En Opciones de Word -> Avanzadas -> Opciones de edición, desactivar la casilla "La escritura reemplaza el texto seleccionado".
d) Con el puntero del ratón sobre el texto seleccionado, al hacer clic en el botón derecho del ratón aparece la opción No reemplazar texto.

13. ¿Cuál es la combinación de teclas que sirve para abrir la ventana de insertar marcador en Word?

a) Ctrl + Mayús + F12
b) Alt + Mayús + C
c) Ctrl + Mayús + F5
d) Alt + Mayús + F2

14. ¿Cuántos párrafos podemos identificar en la siguiente imagen con la opción Mostrar todo activada?

a) 2.
b) 1.
c) 3.
d) No podemos saberlo con exactitud.

15. Con base en lo que observamos en la siguiente imagen, con la opción Mostrar todo activada, ¿qué podemos afirmar?

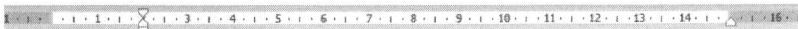

Los hechos demuestran que los clásicos mecanismos de selección de personal judicial no permiten que la sociedad española se dote de Jueces y Magistrados en número suficiente. Es obligado, pues, recurrir a mecanismos complementarios. A tal fin, la Ley Orgánica prevé un sistema de acceso a la carrera judicial de juristas de reconocido prestigio. Ello permitirá, en primer lugar, hacer frente a las necesidades y cubrir las vacantes que de otra forma no podrían serlo; en segundo término, incorporar a función tan relevante como la judicial a quienes, en otros campos jurídicos, han demostrado estar en condiciones de ofrecer capacidad y competencia acreditadas.¶

a) Tiene dos párrafos y sangría por la izquierda de 2 centímetros y por la derecha de 1 centímetro.
b) Tiene un solo párrafo y sangría por la izquierda y derecha de 2 centímetros.
c) Tiene dos párrafos y sangría por la izquierda de 2 centímetros.
d) Tiene un solo párrafo y sangría por la izquierda de 2 centímetros.

16. Dentro de la opción Seleccionar del panel de inicio de Word 365, ¿cuál de las siguientes opciones no es correcta?

a) Seleccionar todo.
b) Seleccionar objetos.
c) Seleccionar texto.
d) Seleccionar todo el texto con formato similar (sin datos).

17. Dentro de las opciones de la gestión de las tablas de contenido, ¿cuál de las siguientes es una opción activable?

a) Mostrar números de página.
b) Alinear números de página a la izquierda.

c) Usar marcadores en lugar de números de página.
d) Ninguna es correcta.

18. En la opción Ir a de Word 365, si tenemos seleccionada la opción Tabla y escribimos +2, ¿qué sucederá?

a) Dará error por no ser un valor correcto de búsqueda.
b) La opción Tabla no aparece en las opciones de Ir a.
c) Irá a la tabla número 2.
d) Se desplazará 2 elementos de tabla hacia adelante.

19. En la imagen siguiente vemos una tabla donde se ha insertado una fórmula para obtener el 46 como suma del resto de celdas. ¿Cuál de las siguiente es una fórmula válida?

10		11
12	13	46

a) A1 + B1 + C1 + A2 + B2
b) = A1 + B1 + A2 + B2
c) = SUM(ABOVE)
d) A1 + C1 + A2 + B2

20. En la imagen de la pregunta anterior queremos que la celda con fondo de color amarillo que tiene el total de sumar todas las celdas refleje la resta de la suma de cada fila. ¿Cuál sería la fórmula válida y el resultado?

a) = A1 + B1 + C1 – (A2 + B2), resultado –4.
b) = A1 + B1 – (A2 – B2), resultado –5.
c) = SUM(row1) – SUMA(row2), resultado –4.
d) = A1 + B1 – A2 – B2, resultado –4.

En MADTEST tienes **más preguntas de este tema**, y todos tus avances quedan registrados y se reflejan en el ranking.

¡Supera tus límites con MADTEST!

Solución al test n.º 17-18-19

1. a) Preparar para compartir.

2. d) A3.

3. d) Títulos - Páginas - Resultados.

4. d) Programador.

5. c) Elegir de los contactos de Excel.

6. a) Restringir edición.

7. b) Conectar con Access.

8. d) Disposición.

9. b) Superior 2,5 cm; Inferior 2,5 cm; Izquierdo 3 cm; Derecho 3 cm.

10. d) Sangría izquierda 0,5 cm; Sangría derecha 1 cm; Sangría francesa en 1,25 cm.

11. c) Modo lectura; Diseño de impresión; Diseño web; Esquema; Borrador.

12. c) En Opciones de Word -> Avanzadas -> Opciones de edición, desactivar la casilla "La escritura reemplaza el texto seleccionado".

13. c) Ctrl + Mayús + F5

14. b) 1.

15. d) Tiene un solo párrafo y sangría por la izquierda de 2 centímetros.

16. c) Seleccionar texto.

17. a) Mostrar números de página.

18. d) Se desplazará 2 elementos de tabla hacia adelante.

19. b) = A1 + B1 + A2 + B2

20. d) = A1 + B1 − A2 − B2, resultado −4.

TEST N.º 20-21

Hojas de cálculo. Microsoft 365 - Excel: El entorno de trabajo. Libros, hojas y celdas. Introducción y edición de datos. Formatos. Configuración e impresión de la hoja de cálculo. Fórmulas y funciones. Vínculos. Gráficos. Gestión de datos en Excel

Hojas de cálculo. Microsoft 365 - Excel: Personalización del entorno de trabajo. Opciones de configuración. Menús y sus funciones

1. ¿Qué herramienta de la barra de herramientas de acceso rápido permite deshacer la última acción realizada?

a) Guardar.
b) Rehacer.
c) Personalizar.
d) Deshacer.

2. ¿Qué se puede hacer para mostrar u ocultar la cinta de opciones en Excel 365?

a) Cambiar el color del fondo.
b) Presionar Ctrl+F1.
c) Hacer doble clic en el nombre del libro.
d) Cambiar el tamaño de la ventana.

3. ¿Cuál es la función del zoom en Excel 365?

a) Guardar el documento.
b) Cambiar el formato de las celdas.
c) Mostrar u ocultar la barra de herramientas.
d) Alejar o acercar el punto de vista para apreciar en mayor detalle o ver una vista general del resultado.

4. ¿Qué se debe hacer para que un dato numérico quede permanentemente en una celda en Excel 365?

a) Presionar la tecla Esc.
b) Hacer doble clic en la celda.
c) Usar la combinación de teclas Mayús + Tab.
d) Presionar la tecla Intro.

5. ¿Qué función tiene el botón "Márgenes" en la ficha Disposición de página de Excel?

a) Cambiar el tamaño de la fuente.
b) Insertar gráficos.
c) Ajustar el color de las celdas.
d) Elegir márgenes preestablecidos o personalizados.

6. ¿Qué tipo de argumentos puede aceptar una función en Excel?

a) Solo números.
b) Números, texto, rangos, referencias y valores lógicos o de error.
c) Solo texto.
d) Solo rangos y referencias.

7. ¿Cuál es la sintaxis correcta para utilizar la función SUMA en Excel?

a) =SUMA(A1;B1;C1)
b) =SUMA(A1:A3)
c) =SUM(A1:B1)
d) =SUMAR(A1, B1, C1)

8. ¿Qué hace la función TRUNCAR en Excel?

a) Redondea un número al entero más cercano.
b) Elimina todos los números que se encuentran a la derecha de la coma decimal.
c) Convierte el texto a mayúsculas.
d) Devuelve el valor absoluto de un número.

9. ¿Qué permite hacer el botón "Editar vínculos" en la pestaña Datos?

a) Cambiar el formato de los datos.
b) Insertar gráficos.
c) Ordenar las celdas.
d) Romper vínculos, cambiar el origen del valor vinculado y abrir el archivo origen.

10. ¿Qué elemento del gráfico se utiliza para mostrar los valores específicos, nombres o porcentajes asociados a un punto de datos?

a) Serie de datos.
b) Eje de valores.
c) Leyenda.
d) Rótulo de datos.

11. ¿Qué opción en la ficha Diseño de gráfico permite cambiar la representación de los datos por filas o por columnas?

a) Seleccionar datos.
b) Cambiar tipo de gráfico.
c) Formato del gráfico.
d) Cambiar entre filas y columnas.

12. ¿Qué herramienta permite visualizar tendencias o variaciones de la información en formato compacto dentro de una celda?

a) Gráfico circular.
b) Gráfico de barras.
c) Tabla dinámica.
d) Minigráficos.

13. ¿Para qué sirve la función =SI.ERROR(A1/B1;"Error")?

a) Oculta celdas en blanco
b) Muestra un mensaje si hay división entre cero o error
c) Reemplaza los errores de sintaxis por 0
d) Elimina errores de todas las hojas conectadas

14. ¿Qué opción se debe usar en Excel para eliminar valores duplicados en una columna?

a) Filtrar datos.
b) Insertar gráficos.
c) Validación de datos.
d) Quitar duplicados.

15. ¿Qué permite hacer el botón "Insertar / Tabla dinámica" en Excel?

a) Crear gráficos dinámicos.
b) Insertar funciones matemáticas.
c) Crear una tabla dinámica en una nueva hoja de cálculo.
d) Proteger la hoja de cálculo.

16. ¿Cómo se puede agrupar la información de una tabla dinámica por ciudad en Excel?

a) Cambiando el nombre de las etiquetas de fila.
b) Insertando una nueva columna.
c) Arrastrando el campo Ciudad a la zona de encabezados de columna.
d) Aplicando un filtro avanzado.

17. ¿Qué permite hacer el botón "Proteger Hoja" en el panel Revisar de Excel?

a) Cambiar el color de las celdas.
b) Insertar funciones.
c) Bloquear las hojas de cálculo para evitar modificaciones.
d) Crear gráficos.

18. ¿Cuál es el resultado de aplicar la fórmula =MES(FECHA(2023;12;25))?

a) 12.
b) 25.
c) 2023.
d) Diciembre.

19. ¿Qué tipo de operación no aparece en el Pegado Especial?

a) Restar.
b) Multiplicar.
c) Dividir.
d) Todas aparecen.

20. ¿Qué se debe hacer para eliminar la protección de una hoja de cálculo en Excel?

a) Hacer clic en "Guardar como".
b) Insertar una nueva hoja.
c) Cambiar el tipo de gráfico.
d) Pulsar el botón "Desproteger Hoja" y proporcionar la contraseña si se ha establecido una.

En MADTEST tienes **más preguntas de este tema**, y todos tus avances quedan registrados y se reflejan en el ranking.

¡Supera tus límites con MADTEST!

Solución al test n.º 20-21

1. d) Deshacer.

2. b) Presionar Ctrl+F1.

3. d) Alejar o acercar el punto de vista para apreciar en mayor detalle o ver una vista general del resultado.

4. d) Presionar la tecla Intro.

5. d) Elegir márgenes preestablecidos o personalizados.

6. b) Números, texto, rangos, referencias y valores lógicos o de error.

7. b) =SUMA(A1:A3)

8. b) Elimina todos los números que se encuentran a la derecha de la coma decimal.

9. d) Romper vínculos, cambiar el origen del valor vinculado y abrir el archivo origen.

10. d) Rótulo de datos.

11. d) Cambiar entre filas y columnas.

12. d) Minigráficos.

13. b) Muestra un mensaje si hay división entre cero o error

14. d) Quitar duplicados.

15. c) Crear una tabla dinámica en una nueva hoja de cálculo.

16. c) Arrastrando el campo Ciudad a la zona de encabezados de columna.

17. c) Bloquear las hojas de cálculo para evitar modificaciones.

18. a) 12

19. d) Todas aparecen

20. d) Pulsar el botón "Desproteger Hoja" y proporcionar la contraseña si se ha establecido una.

TEST N.º 22

Bases de datos: conceptos generales.
Tablas, filas, columnas, consultas e informes

1. ¿Cuál de los siguientes caracteres en una máscara de entrada en Microsoft Access obliga al usuario a escribir una letra?

a) 0
b) L
c) A
d) ?

2. ¿Cuál de las siguientes afirmaciones sobre las propiedades de los campos en Microsoft Access es correcta?

a) La propiedad "Campo requerido" puede utilizarse para todos los tipos de datos, incluidos Objeto OLE y Auto numérico.
b) La propiedad "Permitir campos de longitud cero" se aplica a todos los tipos de datos.
c) La propiedad "Indexado" tiene dos posibles valores: "Sí" y "No".
d) La propiedad "Campo requerido" no puede aplicarse a los tipos de datos Objeto OLE y Auto numérico.

3. ¿Cuál de las siguientes afirmaciones sobre la clave principal en Microsoft Access es correcta?

a) Una clave principal puede ser un campo o un conjunto de campos que no identifican de forma inequívoca cada registro de una tabla.
b) Es posible tener dos registros con el mismo valor en el campo definido como clave principal.
c) Una clave principal se utiliza para identificar de forma única cada registro de una tabla y debe ser del mismo tipo de campo en tablas relacionadas.
d) No es necesario definir una clave principal en cada tabla si se quieren relacionar varias tablas entre sí.

4. ¿Cuál de las siguientes afirmaciones describe correctamente una relación del tipo uno a varios en Microsoft Access?

a) Un registro de la tabla principal puede tener muchos registros coincidentes en la tabla relacionada, y la tabla relacionada puede tener muchos registros coincidentes en la tabla principal.

b) Cada registro de la tabla principal solo puede tener un registro coincidente en la tabla relacionada y viceversa.

c) Un registro de la tabla principal puede tener muchos registros coincidentes en la tabla relacionada, pero cada registro de la tabla relacionada solo puede coincidir con un registro de la tabla principal.

d) Un registro de la tabla principal y un registro de la tabla relacionada pueden coincidir múltiples veces entre sí.

5. ¿Cuál de las siguientes afirmaciones describe correctamente la integridad referencial en Microsoft Access?

a) La integridad referencial permite eliminar registros de la tabla principal aunque existan registros coincidentes en la tabla relacionada.

b) La integridad referencial garantiza que no se eliminen ni modifiquen accidentalmente datos relacionados entre tablas.

c) La integridad referencial se establece solo si los campos relacionados tienen el mismo tipo de datos, sin excepciones.

d) La integridad referencial permite cambiar los valores de la clave principal en la tabla principal aunque existan registros relacionados en la tabla secundaria.

6. ¿Cuál de las siguientes afirmaciones describe correctamente el proceso de crear una relación entre dos tablas en Microsoft Access?

a) Para crear una relación, selecciona el campo código libro de la tabla Préstamos y arrástralo hasta el campo código libro de la tabla Libros.

b) Para crear una relación, selecciona el campo código libro de la tabla Libros y arrástralo hasta el campo código libro de la tabla Préstamos.

c) Para crear una relación, selecciona cualquier campo de la tabla Libros y arrástralo hasta cualquier campo de la tabla Préstamos.

d) Para crear una relación, selecciona el campo código libro de la tabla Libros y arrástralo hasta el campo clave principal de la tabla Préstamos.

7. ¿Cuál es el paso inicial para realizar una combinación de correspondencia entre Access y Word?

a) Crear una carta genérica en Word.

b) Insertar los campos de la base de datos en el documento principal de Word.

c) Tener una base de datos de Access.

d) Combinar correspondencia para obtener un documento combinado.

8. ¿Qué se debe hacer siempre antes de dividir una base de datos en Microsoft Access?

a) Crear una base de datos front-end.
b) Hacer una copia de seguridad de la base de datos.
c) Mover todas las tablas a la base de datos back-end.
d) Restaurar la base de datos desde una copia de seguridad.

9. ¿Cuál de las siguientes afirmaciones describe correctamente cómo añadir registros a una tabla en Microsoft Access, considerando la integridad referencial?

a) Podemos empezar a introducir los datos por cualquier tabla sin considerar la integridad referencial.
b) Para que una tabla pueda rellenarse con datos, debe depender de otra tabla, es decir, debe tener claves externas en su interior.
c) Podemos introducir los Detalles de Pedido antes de haber introducido los Pedidos.
d) Para que una tabla pueda rellenarse con datos, no debe depender de otra tabla y no puede tener claves externas en su interior.

10. ¿Cuál de las siguientes afirmaciones describe correctamente el uso de las consultas en Microsoft Access?

a) Las consultas se utilizan únicamente para modificar datos en una base de datos.
b) Las consultas no pueden utilizarse para ver datos de una base de datos.
c) Las consultas en Access solo permiten analizar datos si están relacionados con múltiples tablas.
d) Las consultas se utilizan para buscar datos en las tablas según condiciones establecidas y presentarlos.

11. ¿Cuál de las siguientes afirmaciones describe correctamente una consulta de acción en Microsoft Access?

a) Una consulta de acción solo muestra los datos, sin realizar ninguna modificación en las tablas.
b) Una consulta de selección siempre permite modificar los datos en la consulta, independientemente del número de tablas involucradas.
c) Una consulta de acción puede crear una nueva tabla a partir de los registros de otra tabla.
d) Una consulta de selección puede eliminar registros de las tablas origen.

12. ¿Cuál de las siguientes afirmaciones describe correctamente el proceso de creación de una consulta en Microsoft Access según el texto proporcionado?

a) En el tercer paso, es necesario seleccionar la opción "Modificar" para poder ver el resultado de la consulta.
b) Las consultas de detalle permiten realizar cálculos en los datos numéricos de la consulta.

c) Al finalizar la creación de una consulta, la vista hoja de datos de la consulta permite realizar las mismas operaciones que en la vista hoja de datos de las tablas.

d) Es necesario hacer una consulta de resumen si la consulta incluye campos numéricos.

13. ¿Cuál de los siguientes elementos de la ventana diseño de una consulta en Microsoft Access se utiliza para establecer las condiciones de la consulta?

a) Cuadrícula de diseño
b) Zona de datos
c) Barra de separación
d) Barra de título

14. ¿Cuál de las siguientes afirmaciones sobre los campos calculados en Microsoft Access es correcta?

a) Los campos calculados solo se pueden crear utilizando funciones numéricas.

b) Los campos calculados en Microsoft Access siempre deben basarse en tablas y no en consultas de selección.

c) Los valores de los campos calculados no pueden ser ordenados ni filtrados.

d) Los campos calculados pueden incluir tanto operaciones matemáticas como de concatenación de texto.

15. ¿Cuál de las siguientes afirmaciones describe correctamente la Vista SQL de una consulta en Microsoft Access?

a) Permite ver la consulta en un formato gráfico con objetos visuales.
b) Muestra la consulta en el lenguaje de programación SQL.
b) Solo está disponible para consultas de acción.
c) No permite modificar la consulta una vez creada.

16. ¿Cuál de las siguientes afirmaciones es correcta sobre la creación de un formulario con el asistente para formularios en Microsoft Access?

a) El asistente para formularios no permite seleccionar qué campos de la tabla se van a ver en el formulario.

b) El asistente para formularios solo permite crear formularios en vista de hoja de datos.

c) El asistente para formularios permite personalizar la distribución del formulario seleccionando entre varias opciones.

d) La única manera de crear un formulario es utilizando la vista Diseño.

17. ¿Cuál de las siguientes afirmaciones sobre la visualización y manejo de datos en formularios de Microsoft Access es correcta?

a) La Vista Diseño permite visualizar y manejar los registros del formulario.

b) Los botones de navegación del formulario no están disponibles en todas las vistas del formulario.

c) El botón de "Registro actual" permite agregar un nuevo registro en la tabla o consulta original.

d) El botón "Nuevo registro (vacío)" permite agregar un nuevo registro en la tabla o consulta original.

18. ¿Cuál de los siguientes tipos de controles en un formulario de Microsoft Access muestra datos cuyo origen es una expresión?

a) Controles Dependientes.
b) Controles Independientes.
c) Controles Calculados.
d) Controles de Imagen.

19. ¿Cuál de las siguientes vistas de formulario en Microsoft Access permite trabajar con el diseño del formulario y los datos al mismo tiempo?

a) Vista Formulario.
b) Vista Presentación.
c) Vista Diseño.
d) Vista Datos.

20. ¿Cuál de los siguientes controles de un formulario en Microsoft Access permite insertar un grupo de pestañas dentro del formulario?

a) Cuadro de texto.
b) Control de pestaña.
c) Grupo de opciones.
d) Botón de alternancia.

En MADTEST tienes **más preguntas de este tema**, y todos tus avances quedan registrados y se reflejan en el ranking.

¡Supera tus límites con MADTEST!

Solución al test n.º 22

1. b) L.

2. d) La propiedad "Campo requerido" no puede aplicarse a los tipos de datos Objeto OLE y Auto numérico.

3. c) Una clave principal se utiliza para identificar de forma única cada registro de una tabla y debe ser del mismo tipo de campo en tablas relacionadas.

4. c) Un registro de la tabla principal puede tener muchos registros coincidentes en la tabla relacionada, pero cada registro de la tabla relacionada solo puede coincidir con un registro de la tabla principal.

5. b) La integridad referencial garantiza que no se eliminen ni modifiquen accidentalmente datos relacionados entre tablas.

6. b) Para crear una relación, selecciona el campo código libro de la tabla Libros y arrástralo hasta el campo código libro de la tabla Préstamos.

7. c) Tener una base de datos de Access.

8. b) Hacer una copia de seguridad de la base de datos.

9. d) Para que una tabla pueda rellenarse con datos, no debe depender de otra tabla y no puede tener claves externas en su interior.

10. d) Las consultas se utilizan para buscar datos en las tablas según condiciones establecidas y presentarlos.

11. c) Una consulta de acción puede crear una nueva tabla a partir de los registros de otra tabla.

12. c) Al finalizar la creación de una consulta, la vista hoja de datos de la consulta permite realizar las mismas operaciones que en la vista hoja de datos de las tablas.

13. a) Cuadrícula de diseño.

14. d) Los campos calculados pueden incluir tanto operaciones matemáticas como de concatenación de texto.

15. b) Muestra la consulta en el lenguaje de programación SQL.

16. c) El asistente para formularios permite personalizar la distribución del formulario seleccionando entre varias opciones.

17. d) El botón "Nuevo registro (vacío)" permite agregar un nuevo registro en la tabla o consulta original.

18. c) Controles Calculados.

19. b) Vista Presentación.

20. b) Control de pestaña.

TEST N.º 23

Nociones básicas sobre seguridad informática (correo, contraseñas, ofimática). Confidencialidad en el tratamiento de información por medios electrónicos

1. El virus que hace cada vez más lento e inoperativo al PC infectado se denomina:

a) Gusano.
b) Troyano.
c) Zombie.
d) Ninguna de las anteriores.

2. ¿Cuál de los siguientes términos NO se refiere a un algoritmo de cifrado?

a) WEP.
b) TKIP.
c) Spam.
d) WPA.

3. El elemento Hardware que impide la entrada de intrusos en la red de datos interna o local se denomina:

a) Antivirus.
b) Escáner.
c) Rúter.
d) Firewall.

4. La acción o suceso que compromete la seguridad del sistema se denomina:

a) Vulnerabilidad.
b) Amenaza.
c) Acceso.
d) Identificación.

5. Un hacker que se introduce en el sistema pero no hace nada se suele denominar:

a) Virus.
b) Gusano.
c) Curioso.
d) Troyano.

6. El acceso no autorizado a sistemas informáticos tiene la denominación de

a) Hacker.
b) Hacking.
c) Firewall.
d) Bumping.

7. El procedimiento para ocultar la información mediante algoritmos se denomina:

a) Cifrado.
b) Encriptado.
c) Enrutado.
d) Ninguna de las anteriores.

8. ¿Cuál o cuáles son las tareas que le corresponden a un administrador de sistemas?

a) Crear usuarios.
b) Crear permisos.
c) Asignar permisos a los usuarios.
d) Todas las anteriores son correctas.

9. A la realización de copias de seguridad periódicas de los datos importantes se le denomina:

a) Volcado.
b) Gestión de datos.
c) BackUp.
d) Programación.

10. ¿Qué medida se menciona como crucial para dificultar la visualización de datos en caso de filtración?

a) La actualización constante del antivirus.
b) El cifrado mediante clave pública.
c) El encriptado de la información.
d) El uso de contraseñas largas.

11. ¿Qué tipo de vulnerabilidad se produce por un error en el código, pese a un buen diseño del sistema?

a) De diseño.
b) De usuario.
c) De mantenimiento.
d) De implementación.

12. ¿Cuál de los siguientes es un tipo de virus que permite el control remoto del equipo infectado?

a) Gusano.
b) Troyano.
c) Bomba lógica.
d) Antivirus.

13. ¿Cuál es el propósito del inicio de sesión único?

a) Acceder a múltiples recursos con un identificador común.
b) Compartir claves de acceso entre usuarios.
c) Eliminar la necesidad de contraseñas.
d) Permitir el acceso sin autenticación.

14. ¿Qué tipo de medida permite controlar quién accede físicamente a un recurso?

a) Códigos de verificación SMS.
b) Sistemas de control de presencia y acceso.
c) Contraseñas numéricas.
d) Firewalls.

15. ¿Qué tipo de amenaza lógica busca colapsar un sistema impidiendo su uso?

a) Gusanos.
b) Troyanos.
c) Negación de Servicio (DoS).
d) Phishing.

16. ¿Qué diferencia existe entre identificación y autenticación, según el artículo 9 de la LPACAP?

a) La identificación se basa en la clave concertada y la autenticación no.
b) La identificación verifica que el usuario es quien dice ser y la autenticación que figura en un registro.
c) La identificación comprueba que el usuario figura en un registro; la autenticación, que es quien dice ser.
d) No hay diferencia entre ambos conceptos según la Ley.

17. ¿Cuál de los siguientes elementos no forma parte de un certificado digital?

a) Clave pública asociada a la identidad del usuario.
b) Identidad de la entidad que expide el certificado.
c) Contraseña personal del usuario.
d) Algoritmo criptográfico utilizado.

18. Según la LPACAP, ¿cuándo se exigirá la firma electrónica en lugar de la simple identificación?

a) Al presentar solicitudes o recursos.
b) En cualquier trámite telemático.
c) Solo en procedimientos judiciales.
d) Siempre que se use Cl@ve PIN.

19. ¿Qué función tiene un verificador en el proceso de firma electrónica?

a) Emitir certificados digitales.
b) Crear la firma electrónica.
c) Validar una firma conforme a una política concreta.
d) Dictar las normas de firma electrónica.

20. ¿Qué se garantiza mediante la firma electrónica, además de la identificación del usuario?

a) La gratuidad del trámite.
b) El envío automático de copias.
c) La integridad y el no repudio de los datos.
d) El almacenamiento en la nube.

En MADTEST tienes **más preguntas de este tema**, y todos tus avances quedan registrados y se reflejan en el ranking.

¡Supera tus límites con MADTEST!

Solución al test n.º 23

1. a) Gusano.

2. c) Spam.

3. d) Firewall.

4. b) Amenaza.

5. c) Curioso.

6. b) Hacking.

7. b) Encriptado.

8. d) Todas las anteriores son correctas.

9. c) BackUp.

10. c) El encriptado de la información.

11. d) De implementación.

12. b) Troyano.

13. a) Acceder a múltiples recursos con un identificador común.

14. b) Sistemas de control de presencia y acceso.

15. c) Negación de Servicio (DoS).

16. c) La identificación comprueba que el usuario figura en un registro; la autenticación, que es quien dice ser.

17. c) Contraseña personal del usuario.

18. a) Al presentar solicitudes o recursos.

19. c) Validar una firma conforme a una política concreta.

20. c) La integridad y el no repudio de los datos.

TEST N.º 24

Internet: conceptos generales sobre protocolos y servicios en Internet. Conceptos básicos de navegación: URL, favoritos, historial, búsqueda

1. ¿Qué afirmación es correcta al respecto de Internet?

a) Internet es una red de ordenadores centralizada.
b) Internet es una red de ordenadores descentralizada.
c) Internet es un conjunto de ordenadores sin relación de ningún tipo.
d) Ninguna de las anteriores.

2. ¿Cuándo apareció el primer navegador Web?

a) En 1980.
b) En 1989.
c) En 1990.
d) En 1999.

3. La publicidad en la red de Internet se conoce como:

a) Banner.
b) Pop-Ups.
c) Chats.
d) Cookies.

4. ¿Cómo se denomina a la red local de datos?

a) WAN.
b) UMTS.
c) WiFi.
d) LAN.

5. ¿Cuál de los siguientes términos no está relacionado con protocolos de Internet?

a) TCP/IP.
b) HTTP.
c) Java.
d) FTP.

6. El lugar donde se ofrecen páginas de Internet para ser consultadas se denomina:

a) Proxy.
b) Server.
c) Gateway.
d) Rúter.

7. Para convertir un nombre de dominio en una dirección IP pública la que poder acceder se hace uso de:

a) DNS.
b) NDS.
c) SDN.
d) Gateway.

8. Para proteger nuestro PC de accesos indeseados, se puede hacer uso de:

a) Gateway.
b) Router.
c) Firewall.
d) Ninguna de las respuestas anteriores es correcta.

9. ¿Cuál es una de las particularidades del protocolo TCP/IP?

a) Es un protocolo específico para dispositivos móviles.
b) No permite detectar paquetes perdidos.
c) Permite identificar paquetes no recibidos y solicitarlos de nuevo.
d) Ninguna de las anteriores.

10. ¿Qué pretenden los operadores con el uso del CG-NAT?

a) Usar una misma IP pública para varios usuarios.
b) Aumentar la velocidad de las conexiones.
c) Generar más tráfico en la red.
d) Ninguna de las anteriores.

11. Indica cuál de las siguientes direcciones IP es errónea:

a) 192.168.2.1
b) 192.256.2.5
c) 80.52.63.5
d) 123.2.1.1

12. Indica cuál de las siguientes opciones no es un navegador de Internet:

a) Edge.
b) Chrome.
c) Safari.
d) Filezilla.

13. Para ver el histórico de navegación en Edge, podemos hacer uso de la combinación de teclas:

a) Ctrl + Mayús + H.
b) Ctrl + H.
c) Mayús + H.
d) Ninguna de las anteriores

14. ¿Qué formato de compresión de imágenes se suele usar para las webs?

a) RAW.
b) MPEG.
c) JPG.
d) BMP.

15. Los enlaces a páginas web o partes de un documento se denominan:

a) Vínculos.
b) Anclas.
c) Extensiones.
d) Ventanas.

16. ¿Como se denomina al objeto referente a guardar una página web para visitarla de forma más fácil posteriormente?

a) Marcador.
b) Favorito.
c) Las dos respuestas anteriores son correctas.
d) Vínculo.

17. La memoria donde se carga parte de la página web que se visita para navegar más rápido y transmitir únicamente los cambios en la misma se denomina:

a) Cookie.
b) Caché.
c) Historial.
d) Marcador.

18. ¿Qué son las cookies de un navegador Web?

a) Son una memoria para acceder más rápidamente a las webs.
b) Son los datos del usuario que se almacenan al acceder a ciertas webs para agilizar su uso en futuros accesos.
c) Son elementos que dificultan la navegación a través de internet.
d) Son virus que ralentizan la navegación.

19. ¿Qué servicios se pueden utilizar para hacer copias de seguridad de datos o compartir archivos en la nube?

a) Facebook.
b) DropBox.
c) Twitter.
d) Ninguno de los anteriores.

20. El contenido de la red y los niños es un tema que se trata en una disciplina denominada:

a) Ciberética.
b) Proveedores.
c) El protocolo TCP.
d) Ninguna de las respuestas anteriores es correcta.

En MADTEST tienes **más preguntas de este tema**, y todos tus avances quedan registrados y se reflejan en el ranking.

¡Supera tus límites con MADTEST!

Solución al test n.º 24

1. b) Internet es una red de ordenadores descentralizada.

2. c) En 1990.

3. a) Banner.

4. d) LAN.

5. c) Java.

6. b) Server.

7. a) DNS.

8. c) Firewall.

9. c) Permite identificar paquetes no recibidos y solicitarlos de nuevo.

10. a) Usar una misma IP pública para varios usuarios.

11. b) 192.256.2.5.

12. d) Filezilla. Edge, Chrome y Safari son navegadores al igual que FireFox.

13. a) Ctrl + H.

14. c) JPG.

15. a) Vínculos.

16. c) Las dos respuestas anteriores son correctas.

17. b) Caché.

18. b) Son los datos del usuario que se almacenan al acceder a ciertas web para agilizar su uso en futuros accesos.

19. b) DropBox.

20. a) Ciberética.

Correo electrónico. Microsoft 365 - Outlook: Conceptos elementales y funcionamiento. El entorno de trabajo. Enviar, recibir, responder y reenviar mensajes. Creación de mensajes. Reglas de mensajes. Listas de contactos. Personalización y uso de pies de firma. Gestión de calendarios propios y de otros

1. ¿Qué pestaña en Outlook 365 se usa para configurar la seguridad del correo electrónico, incluido el cifrado?

a) Pestaña Archivo.
b) Pestaña Inicio.
c) Pestaña Opciones.
d) Pestaña Vista.

2. ¿Qué significa la parte '@' en una dirección de correo electrónico?

a) Indicador de fin de la dirección.
b) Separador entre el nombre del usuario y el dominio.
c) Indicador de un archivo adjunto.
d) Indicador de un correo reenviado.

3. ¿Cuál de las siguientes opciones describe mejor el propósito del protocolo POP3?

a) Enviar correos electrónicos.
b) Recibir correos electrónicos y almacenarlos localmente.
c) Transferir archivos grandes.
d) Cifrar correos electrónicos.

4. ¿Cuál es el propósito principal del protocolo SMTP en el correo electrónico?

a) Recibir mensajes.
b) Enviar mensajes.

c) Cifrar mensajes.
d) Almacenar mensajes.

5. ¿Qué sucede con los archivos adjuntos cuando respondes a un correo electrónico en Outlook 365?

a) No se incluyen en la respuesta.
b) Se incluyen automáticamente.
c) Se eliminan del mensaje original.
d) Se guardan en una carpeta separada.

6. ¿Qué estándar de cifrado usa Outlook 365?

a) SSL/TLS.
b) PGP.
c) S/MIME.
d) AES.

7. ¿Qué significa el prefijo 'RE:' en la línea de asunto de un correo electrónico?

a) Reenviar.
b) Responder.
c) Revisar.
d) Recordar.

8. ¿Qué indica el prefijo 'RV:' en la línea de asunto de un correo electrónico en español?

a) Revisión.
b) Recepción verificada.
c) Reenviado.
d) Respuesta verificada.

9. ¿Cuál de las siguientes opciones no es una característica de los clientes de correo webmail?

a) Necesidad de instalar el protocolo POP3 localmente.
b) Acceso desde cualquier dispositivo con Internet.
c) Interfaz basada en navegador web.
d) Posibilidad de incluir publicidad en la interfaz.

10. ¿Cuál es la función del panel de lectura en Outlook 365?

a) Permite enviar correos electrónicos rápidamente.
b) Muestra el contenido de los mensajes seleccionados.

c) Permite configurar la cuenta de correo.

d) Muestra la lista de contactos.

11. ¿Dónde se encuentra la opción "Nuevo correo electrónico" en Outlook 365?

a) Pestaña Enviar y recibir, grupo Enviar.

b) Pestaña Archivo, grupo Nuevo.

c) Pestaña Inicio, grupo Nuevo.

d) Pestaña Vista, grupo Nuevo.

12. ¿Cuál es la función de la pestaña "Enviar y recibir" en Outlook 365?

a) Configurar la cuenta de correo.

b) Organizar los contactos.

c) Gestionar el envío y la recepción de mensajes de correo electrónico.

d) Modificar la visualización del contenido de la pantalla principal.

13. ¿Cuál es la función del grupo "Mover" en la pestaña Inicio de Outlook 365?

a) Mover el correo seleccionado a una carpeta.

b) Responder a todos los correos.

c) Crear un nuevo mensaje de correo.

d) Eliminar correos no deseados.

14. ¿Qué opción en Outlook 365 se utiliza para marcar un correo electrónico como "No leído"?

a) Responder.

b) Reenviar.

c) Eliminar.

d) No leído / leído.

15. ¿Qué pestaña y grupo en Outlook 365 se usan para imprimir un correo electrónico?

a) Pestaña Inicio, grupo Nuevo.

b) Pestaña Archivo, grupo Imprimir.

c) Pestaña Vista, grupo Vista previa.

d) Pestaña Enviar y recibir, grupo Enviar.

16. ¿Dónde se encuentran las opciones para gestionar reglas en Outlook 365?

a) Pestaña Vista, grupo Configuración.

b) Pestaña Archivo, grupo Información.

c) Pestaña Inicio, grupo Mover.

d) Pestaña Enviar y recibir, grupo Descargar.

17. ¿Cuál de las siguientes opciones no es un grupo en la pestaña Inicio de Outlook 365?

a) Nuevo.

b) Descargar.

c) Eliminar.

d) Responder.

18. ¿Qué función realiza la opción "Categorizar" en Outlook 365?

a) Eliminar correos duplicados.

b) Mover correos a la carpeta de spam.

c) Asignar colores para catalogar mensajes.

d) Marcar correos como leídos.

19. ¿Qué sucede al utilizar la opción "Ignorar" en Outlook 365?

a) El correo se mueve a la bandeja de entrada.

b) El correo se marca como leído.

c) El correo y futuros correos del mismo remitente se mueven a la carpeta de elementos eliminados.

d) El correo se envía a todos los contactos.

20. ¿Cuál es la combinación de teclas para crear un nuevo mensaje en Outlook 365?

a) Ctrl + N.

b) Ctrl + Mayús + M.

c) Ctrl + E.

d) Ctrl + Mayús + N.

En MADTEST tienes **más preguntas de este tema**, y todos tus avances quedan registrados y se reflejan en el ranking.

¡Supera tus límites con MADTEST!

Solución al test n.º 25

1. c) Pestaña Opciones.

2. b) Separador entre el nombre del usuario y el dominio.

3. b) Recibir correos electrónicos y almacenarlos localmente.

4. b) Enviar mensajes.

5. a) No se incluyen en la respuesta.

6. c) S/MIME.

7. b) Responder.

8. c) Reenviado.

9. a) Necesidad de instalar el protocolo POP3 localmente.

10. b) Muestra el contenido de los mensajes seleccionados.

11. c) Pestaña Inicio, grupo Nuevo.

12. c) Gestionar el envío y la recepción de mensajes de correo electrónico.

13. a) Mover el correo seleccionado a una carpeta.

14. d) No leído / leído.

15. b) Pestaña Archivo, grupo Imprimir.

16. c) Pestaña Inicio, grupo Mover.

17. b) Descargar.

18. c) Asignar colores para catalogar mensajes.

19. c) El correo y futuros correos del mismo remitente se mueven a la carpeta de elementos eliminados.

20. b) Ctrl + Mayús + M.

Cómo acceder al Curso

Grupo Auxiliar de la Función Administrativa
Test

El uso de los códigos **es exclusivo de los compradores de los productos de Editorial MAD**. Cada producto posee un código único y de un solo uso. Es personal e intransferible y da acceso a servicios y contenidos adicionales. Editorial MAD se reserva el derecho de hacer cuantas comprobaciones sean necesarias para identificar al legítimo poseedor del código y dejar de dar servicio a quien haga uso fraudulento del mismo, además de emprender cuantas acciones legales estime oportunas según la legislación vigente.

Deberás acceder a:

mad.es/registro-campus

Si una vez aceptadas las condiciones de uso del Campus decides hacer uso del mismo, necesitarás del siguiente código de acceso junto con los códigos del resto de títulos que se exigen (si fuera el caso):

XN9RI8KTL7